中国科协学会学术部项目资助

# 高效务实

## ——非营利组织项目管理指南

[美]卡伦·怀特 著

霍菲菲 译

**中国科学技术出版社**

·北 京·

图书在版编目（CIP）数据

高效务实：非营利组织项目管理指南 /（美）卡伦·怀特著；霍菲菲译 .
—北京：中国科学技术出版社，2021.2
书名原文：Pracitcal Project Management for Agile Nonprofits：Approaches and
Templates to Help You Manage with Limited Resources
ISBN 978-7-5046-8568-1

I.①高… II.①卡… ②霍… III.①非营利组织—项目管理—研究
IV.① C912.21

中国版本图书馆 CIP 数据核字（2020）第 122641 号

Original title: **Practical Project Management for Agile Nonprofits: Approaches and Templates to Help You Manage with Limited Resources**. Copyright ⓒ 2013 by Karen R. J. White. Published by Maven House Press, 316 W. Barnard St., West Chester, PA 19382 U.S.A. This translation edition arranged with Russo Rights, LLC on behalf of Maven House, Palmyra, VA, USA. All rights reserved.

著作权合同登记号：01-2017-2856

本书中文版由 Russo Rights，LLC 代表美国 Maven House 出版社授权中国科学技术出版社独家出版，未经出版者许可不得以任何方式抄袭、复制或节录任何部分

| | |
|---|---|
| 责任编辑 | 单 亭 崔家岭 |
| 装帧设计 | 中文天地 |
| 责任校对 | 焦 宁 |
| 责任印制 | 马宇晨 |

| | |
|---|---|
| 出 版 | 中国科学技术出版社 |
| 发 行 | 中国科学技术出版社有限公司发行部 |
| 地 址 | 北京市海淀区中关村南大街16号 |
| 邮 编 | 100081 |
| 发行电话 | 010-62173865 |
| 传 真 | 010-62179148 |
| 网 址 | http://www.cspbooks.com.cn |

| | |
|---|---|
| 开 本 | 787mm×1092mm 1/16 |
| 字 数 | 150千字 |
| 印 张 | 8.5 |
| 版 次 | 2021年2月第1版 |
| 印 次 | 2021年2月第1次印刷 |
| 印 刷 | 河北鑫兆源印刷有限公司 |
| 书 号 | ISBN 978-7-5046-8568-1 / C·170 |
| 定 价 | 39.00 元 |

# 致谢

本书在我的朋友吉姆·彭尼帕克的大力帮助下得以面世，吉姆是一位出色的编辑、出版商。在写作中每当遇到障碍文思枯竭时，他都会温和地鼓励我，让我非常感激！

我也要感谢众多的朋友和同事，他们与我分享了支持非营利组织运营方面的经验。他们的支持与鼓励促使我撰写完成了本书。我还要特别感谢克斯汀、罗利、凯利、杰西卡、贝瑟尼、帕梅拉、约翰和肯，当我需要确认信息的时候，他们一如既往地耐心相待。

最后，我想把本书献给所有的非营利组织的志愿者和工作人员，他们将我们的社会变得更加美好。他们的付出已经引起了社会的关注，我希望这本书能让非营利组织的管理工作更高效务实。

卡伦·怀特，理科硕士 / 项目管理专业人员 / 美国项目管理协会会员 /

新罕布什尔州韦尔市

# 序

　　仅仅通过慈善行为和事业价值来评价非营利组织的时代已经一去不返。那些志愿者人数充足的日子和基于社区开展筹款的时代也不复存在。非营利组织正面临一个勇敢者的新时代。在这个时代，透明度、效率和良好的商业实践等评判因素必将取代过去单一的慈善活动。

　　当今社会对非营利组织的期望持续增长——期望在减少资源消耗的情况下提高生产力，不断扩大规划以满足社区的需要；捐助者也对非营利组织寄予期望，希望确定他们的投资是合理有效的。一个非营利组织满足需求、回应期望、实现目标的能力很大程度上取决于它对未来的看法。开始预期即将来临的机遇，而不是将注意力放在后视镜倒映的风景中，可能会对成败产生决定性作用。这一点凸显了非营利组织的实用项目管理的用武之地。为了让非营利组织在未来更好地发挥作用和提升竞争力，迫切需要注意运用项目管理实践，创建新的机制来吸引志愿者并与之合作。

　　非营利组织管理者的工作非常繁忙。从一件事到另一件事，从一个筹款活动到另一个筹款活动，为了满足机构日益增长的需求而努力填补服务和项目空白，可能会导致专业人士（如今已是稀缺资源）辛苦努力的结果碎片化、不完整。许多非营利组织通过招募志愿者来完成他们的工作指标，这一事实使我们清楚地认识到，运用新的技能来完成第三方组织工作的重要性和必要性。

　　本书中提出的管理实践已经被证明是有效的。在以营利为目的的组织中，各种项目管理实践已融入日常工作，以运营管理和实现关键业务为目标。这些管理实践，同样适用于非营利组织，可以促使非营利组织高效务实，充分使用资源。例如，所有的筹款人都是项目经理。推送邮件、活动策划、社交筹款——这些都是其业务内容。筹款人充分运用项目管理技术将提高效率和加快产出、仅使用工作分解结构的方法，就可以通过将工作元素分解成小块的、可管理的活动，从而提高效率。新增的项目里程碑确保项目的进展是按照定制的时间表进行的，为项目成功实施打下基础。虽然忙碌的专业人士可能会说，他们没有为所有关键活动创建工作分解结构所需的时间，但事实上，这一步是不能省略的。这种方法不仅确保了一个计划的各个方面都是精心策划的，还确保了连续性，避免了一个领导者（工作人员或志愿者）辞职以后，非营利领域经常要面对的工作衔接空白问题。

事实上，非营利组织都在某种程度上依赖志愿者支持其活动。对董事会成员甚至收发信件的工作人员来说，合格又敬业的志愿者是非营利组织最伟大的资产。然而，在今天的社会中依靠志愿者承担组织的大部分工作，可能会导致灾难。在过去的 25 年里，随着传统的家庭角色的变化和"千禧一代"（1984—1995 年出生）的到来，志愿人员的面貌发生了巨大的变化。一些非营利组织没有调整其吸引和招募新一代准志愿者的方法，结果往往会发现，整个组织缺少人力资本来完成自身的使命。精明的非营利组织不再怀念过去的美好时光，为自己的损失感到惋惜，他们正在调整组织对志愿者角色的定位以及招募的方式，以匹配新一代志愿者发展前景的需求。新一代志愿者将以他们自己的方式寻找有意义的工作，并期望利用技术来推动工作，完成交流和成功的商业实践。如果非营利组织足够幸运，能够吸引这些"新志愿者"的注意，组织需要坚持新的定位，以满足他们的期望、动机和独特的需求。

从组织任务、战略优先到关键举措和重要活动，资源使用与项目需求在实施过程的有效结合是取得成功的关键之处。对于很多机动的任务，应用项目组合管理会促使非营利组织得到合理的安排，也同时帮助整个计划高效务实完成。

志愿者和捐赠者都希望取得令人欣喜的成果，这些成果代表了可衡量的业绩和资源的有效利用。这两部分人群都希望他们对时间和资金的投入发挥了积极作用，而他们分享出最宝贵的资源的非营利组织能够高效且出彩。正如怀特女士在她的书中概述的那样，项目管理工具的使用，包括项目投资组合管理，将促进一个组织的高效管理进程，让组织能够在为未来做准备的同时也能满足当前发展的需求。

**帕梅拉·普里奥（FAHP，CFRE）**
新罕布什尔州协和医院社区事务副总裁

# 目 录
CONTENTS

## 第 4 部分　基于项目的非营利组织管理

# 第 1 部分

## 为什么是现在？

# 第 1 章

# 全球经济影响下的非营利组织

非营利组织每天都面临如何有效使用捐赠资金的挑战。行业研究表明，非营利组织的管理费用通常占组织可用资金的 10% ~ 20%。如果这些稀缺的资金能被用到那些支持你的非营利组织使命的项目中，那岂不是很棒？

适当地应用项目管理专业的知识和实践可以帮助你实现这个目标。商业实践中心（2006）进行的一项研究表明，掌握这些知识并应用这些实践的组织通常会提高 20% 或更高的生产力，提升客户满意度和员工满意度，从而带动整体组织绩效的增长。本书的目的是帮助你将这些逐一实现。

## 当前经济的钟声

非营利组织是全球经济的重大环节，这意味着随着全球经济的扩张或萎缩，非营利组织也同样受到影响。这种全球经济变化会影响到资金数量和非营利性组织的志愿者数量。当前，全球经济正在萎缩（表 1.1）。

**表 1.1　全球经济变化对非营利组织的影响**

- 据估计，美国有 230 万个非营利组织处于运营状态。
- 2010 年非营利组织为美国经济贡献了 8048 亿美元，占该国国内生产总值的 5.5%。
- 2010 年，非营利领域中占比最大的公共慈善机构——报告显示 1.51 万亿美元的收入、1.45 万亿美元的开支和 2.71 万亿美元的资产。
- 2011 年，包括捐赠给公共慈善机构和宗教团体的私人慈善捐款总额达 2984.2 亿美元。
- 2011 年，美国有 26.8% 的成年人志愿加入了一个组织进行志愿服务。志愿者总共贡献了 152 亿小时，估计价值 2952 亿美元。

注：非营利组织是美国经济的一个重要组成部分［城市研究所（2012）］。

　　不幸的是，我们每天听到的新闻，无论是地方新闻、全国新闻还是世界新闻，都传达着一样的信息：政府执行长期社会项目的能力正在减弱。这就要求学校、医院、慈善组织等各种本地的以志愿者为基础的非营利组织机构，被要求提供社会所需的全力支持。

　　但是这些组织，与你的组织一样，正受到经济的挑战。迫切需要寻找新的收入来源和提高非营利组织绩效的方法。政府和私人基金会的拨款越来越少，就算你争取到了，数额也可能比过去少了很多。同样地，长期以来的个人和本地商业捐赠者也在努力保持过去的捐赠水平，这反映了他们自身同样的经济困境。在五年或十年前做出的承诺很难兑现，这让你的非营利组织的预算出现了很大的缺口。

　　最近，整理、共享各类非营利组织信息的机构导航星（Guide Star，麦克莱恩和布劳威尔，2012）对非营利组织的研究显示，在接受调查的超过四分之三的机构中，个人的捐赠金额越来越少了，捐赠人数也有所下降。这些非营利组织解决收入不足的主要方式是减少项目活动和服务。

# 这一切意味着什么？

　　在全球经济复苏乏力的情况下，本地的需求变得更加重要——非营利组织筹集的资金通过支持活动向社会回流，而不是用于员工薪酬，尤其这些工作本身由志愿者就可以完成。

　　你管理的非营利组织的预算可能一直紧张，但现在它更紧张了。你需要承认经济压力是存在的，所以需要更有策略地处理筹款问题以及如何分配资金来满足组织的目标。面对持续的经济压力，一种解决方法是学习如何运用足够的项目管理方法来帮助你做出决策。

# 第 2 章

## 不断变化的志愿精神

当今许多非营利组织的领导者都是在 20 世纪 50 年代和 60 年代的时候成长起来的。当时的社会大都是单一收入家庭，社区意识凸显，存在着一种经过第二次世界大战后形成的价值观。在那些年，鼓励妇女经常参加社区团体和社区活动，如家庭教师协会、女童子军或在当地教堂的旧货商店工作。男人们则通过参与像吉瓦尼斯俱乐部、共济会、扶轮社这样的机构组织来为本地社区做出贡献。当地企业认为支持人们参与这些组织机构是对当地社区的一项很好的人力投资。一个为社区医院筹集资金的团队，由银行董事、五金店老板、执业医师和当地报纸编辑的妻子们组成，这一现象是很常见的，她们共同组成志愿者委员会开展工作。男人们都很乐意在社区机构的董事会任职。

在 20 世纪 80 年代和 90 年代，我们看到了这种志愿服务方式的转变。经济的发展和商业上经济需求的增长降低了潜在的社区参与者在当地社区做志愿者的可能性。同时，当地工业的"资本化"甚至"全球化"加剧了这一现状。通过合并、兼并，许多地方企业破产倒闭。大多数银行现在是国家银行的分支机构，它们与当地社区的关系不再密切。仓储式商店的慈善活动取代了主要街边商店的大卖场活动，而这通常是由一些远离本地的公司决定的，这些公司很少与当地社区建立联系。

　　近些年来，多收入渠道家庭逐渐凸显的现状降低了志愿者参与服务的可能性。有几个十几岁的家庭成员的家庭的成年人，很可能有一个或多个雇主。特别是在过去的十年里雇主要求的工作时间越来越长，留给他们自己从事志愿服务活动的时间越来越少（图2.1）。

**图 2.1　消失的志愿者**

　　注：雇主要求的工作时间增加了，特别是在过去的十年里，留给员工的业余时间更少了。与此同时，运营资金的减少意味着非营利组织越来越依赖志愿者执行任务。

　　此外，在过去的几十年里，一些家庭因工作原因搬家，流动性有所增加。或者人们选择从所住的社区到工作的另一社区通勤，往返奔波。许多家庭已经不限于与一个社区互动，而是生活在一个地球村或称为虚拟的社区。

　　近年来，社交媒体工具的应用也出现了爆炸式的增长。这些工具让人与人之间的互动更为便捷，减少了面对面的交流甚至语音交流。这些社交工具的使用者主要是刚毕业不久的大学生和年轻人，他们几乎把这项技术应用到人际关系的各方面。他们不需要亲自见面打招呼来感受自身是社区的一部分。反而他们觉得自己是虚拟社区的一员，在虚拟社区中互为邻居。

# 志愿精神的改变

我们现在来谈一下上述发展变化趋势，对依赖志愿者的组织产生的影响。今天，初入职场的一代人理解"社区"这个概念为"一个虚拟的全球社区"。他们更愿意接受全球志愿服务，而不是解决本地问题。例如，最近在与几位 2010 年大学毕业生的谈话中，我们讨论了他们对社区服务的选择。他们对全球饥饿问题的反应比应对当地的食品赈济处的挑战表现出更多的关注与活力。其中一位毕业生表示，因为她的社交活动分布在全球各地，所以她在当地筹集资金的能力有限。她的人际交往关系没有受到地理因素的限制。

这种作为全球社区一员的意识的提升，意味着人们对需要得到解决的全球问题更加关注。这些大问题吸引了媒体和名人，所以潜在的志愿者自然也会被这些报道吸引。

不幸的是，社会中，尤其是大都市地区，人们似乎已经不再欣赏过去几十年里磨练出来的价值观。公司以效益为先，已将支持社区发展，参与社区志愿活动排除在外。当然也有大公司会支持与其目标一致的问题，例如环保问题。但他们倾向于在国家层面上展示他们的参与度，尽管在当地社区层面的需要更强烈。

## 如何应对这些变化以确保你的非营利组织高效务实？

那么，你的非营利组织如何应对这种对待志愿服务态度的变化？最终目的是要确保运营过程中既有资金又有志愿者支持。非营利组织的运营需要高效务实。但是如何使非营利组织高效务实地运作，与众不同呢？

高效的非营利组织直面在志愿服务中的这种变化并积极应对。非营利组织的领导者首先要对组织的战略目标进行反思。调整目标帮助非营利组织寻找其社区内可能具有类似的目标的组织或个人。例如，一家宠物用品店的员工可能会有兴趣为当地的动物救助组织做义工；一家杂货店的员工可能会对支持当地食品赈济处的食品供应感兴趣。向这些人寻求志愿服务和支持，就像任何一份呼吁或活动的陈述一样，高效的非营利组织对志愿者需求进行了反馈。这些反馈回答了未来的志愿者肯定会问到的一个问题，"在这个项目里适合我的工作是什么？"。

高效的非营利组织还要确定如何吸引新一代青年加入。他们反思筹款和志愿者管理技巧，以确保得到可应。这些方法包括借助脸书、虚拟会议以及其他形式的社交媒体，筹集资金和组织志愿者。务实的非营利组织将弱化面对面的会议、冗长的书面报告和其他被视为官僚作风的程序最小化。

高效务实的非营利组织与他们的志愿者和志愿服务提供单位建立联系，承认并认可每个人的贡献，强调在社区内共同协作所带来的共同利益。高效务实的非营利组织有优秀的志愿者识别项目，其中包括了解和解决志愿者的需求，这些需求可以是得到公众认可、职业发展、增加的职责、网络访问或其他的考虑（表2.1）。

#### 表2.1　高效务实的非营利组织关注新的志愿服务

**高效务实的非营利组织：**

- 寻找有战略联系的组织并从他们那里获得志愿者的支持。
- 探索志愿者的需求，让潜在的志愿者明白志愿服务的内容。
- 了解如何拥抱新一代，充分利用脸书、虚拟会议以及其他形式的社交媒体。

- 与志愿者和志愿服务人员进行沟通，充分肯定每个人的贡献，并强调在社区范围内，以共同的目标为基础会带来的互赢互惠结果。
- 有良好的志愿者识别项目，以满足志愿者的需求，无论这些需求是为了公众认可、职业发展、职责的扩展，还是建立关系网。
- 加强商业实践，充分发挥志愿者资源。

注：高效务实的非营利组织如何在当今的志愿服务中应对志愿精神的变化。

# 小结

　　高效务实的非营利组织积极采用并开展那些能充分利用现有志愿者资源的商业实践。完整的项目管理实践的实施是这一目标的有力支撑。知道某个特定的志愿者在什么项目团队或委员会服务最合适，知道志愿者的价值观和专业技术强项，并且知道志愿者将参与的项目的重要性以及是否与组织的战略目标相关，这些都是至关重要的，这能够最大限度地利用有限资源，做好非营利组织的工作。

　　那么，你的非营利组织是一个高效务实的非营利组织吗？如果你的答案是否定的，或者，如果你不确定，请继续阅读，学习如何帮助你的非营利组织高效运作。

# 第3章

## 你的非营利组织正生存在一个逐渐缩小的世界里

由于通信的进步、交通成本的迅速下降以及贸易流量的急剧上升，全球经济社会发展让世界不断缩小。这种快速的全球化对地方经济产生了巨大的影响——制造业工作的外包、移民问题以及因国际旅行增加的健康问题。缩小的世界对我们的慈善事业也产生了巨大的影响。全球灾害，尤其是那些在晚间新闻中报道过的，在多媒体平台的渲染下不断吸引人们的关注。由此产生的影响意味着较小的局部事件常常在噪声中被忽略（图3.1）。

**图3.1 世界正在变小**

  注：非营利组织需要意识到他们的影响力。

考虑一下飓风"桑迪"带来的巨大影响。当飓风"桑迪"袭来后，对于飓风灾区受难者的新闻登上头条，但是一个大城市重要公寓的着火消息却反响甚微。飓风"桑迪"新闻的反应带动了千禧一代关心所在社区环境的意识，以及他们想要参与到大事件的心情。响应的另一个因素是多媒体的快速反应引导了公众的关注方向。一个非营利组织希望为当地灾难救助寻求支持，可以先在推特上发起一场舆论引导。

在这个不断变小的世界里，你需要意识到你的组织——真的是一个地方性的，基于社区的非营利组织并完全依赖于住在附近的志愿者和工作人员吗？或因为如今人口流动的瞬时性，你的社区不再受到地域局限？或者是容易与全国的或是全球的人们对话？想想每年去佛罗里达的迁徙客，流动的大学生，或是为了寻找工作到处奔波的人们。与过去相比，当今社会的流动性更强、更快。人们在夏季去凉爽的地方消暑，冬天到温暖的地方度假。去远方求学，在假期返回家中，又可能在毕业后去到其他地方就业。当你考虑你的各种各样的项目时，你如何找到志愿者和工作人员？他们又如何在这个项目中进行沟通？你需要有全球性的思考。可能你的项目的最好的赞助者，一个有影响力的股东，是一个不能本人亲自出席每月项目小组会议的人，但是可以通过电话会议或在线的方式参加（比如通过网络电话 Skype 会议）。如果是这样的话，你准备好如何协助这样的赞助商了吗？或者是你的志愿者资源受到地域限制了吗？

除了寻求超越地理界限之外的捐赠者，你也应该考虑超越国界的志愿者资源。最近我作为一名志愿者在美国癌症协会生命委员会中任职。我们已经下定决心要增强全球意识，加强全球志愿者参与性。特别是，我们需要连接城镇周边社区，尤其是没有条件自己举办活动的社区。为了实现这一目标，我们从偏远社区的企业和教会招募志愿者，邀请他们加入委员会或支持接力活动，使他们成为"当天临时志愿者"。如果有委员会成员不能参加会议，我们就和他们一起召开电话会议。我们提升了开展营销的能力，并在这些社区中寻求赞助，让委员会成员可以做解决"当地的需求"的事情。这反而促进了来自边远社区志愿者的参与，提升了活动参与度，从而增加了筹集的资金。在考虑一个项目时，不要让地理界限成为吸引志愿者资源的影响因素。

# 第 2 部分

## 非营利组织的项目管理

# 第 4 章

# 非营利项目

正如前面几章所展示的，你正处在一个不断变化的非营利文化和经济发展环境中。此外，你不得不越来越频繁地使用相同的或更少的资源来做更多的事情——无论是涉及工作人员、志愿者、设备还是预算。你必须改变策略，以应对意料之外的事情。无论你是非营利组织的领导，还是筹款和开发主管，又或是项目经理，应用项目管理方法将使你以一种冷静和有效的方式对这些需求作出响应。项目管理及其各种实践将支持你的组织增强"经营当下资源"的能力，从而有效应对不断变化的需求。

## 项目的定义是什么？

非营利组织的日常管理（处理捐赠、确认收到礼物、信件来往、银行存款）是由维持组织运转的各项任务组成的。与之不同，项目专注于实现一个特定的目标，比如为某个特定的目标筹集资金，结识某一群体的捐助者或举办一场活动。每个项目都有一个开始和完成的日期，要求一定层级的员工和/或志愿者参与工作。

项目管理研究所（2013）将一个项目定义为"创建独特产品、服务或结果的临时工作"。当你思考非营利组织开展的各种活动的类型时，会意识到其中的很多是项目。特别的活动、倡议和筹款活动都满足这个定义。甚至一个资本基金的募集活动也可以考虑为有一个共同目标的系列项目（称为一个项目）。表4.1列举了一些典型的非营利项目。

**表 4.1　典型的非营利项目**

- 特别活动：会议、筹款晚宴、赛跑、健康筛查、艺术表演等
- 募款活动
- 志愿者招募活动
- 建立或升级网站
- 创建年度报告或研究报告
- 直邮服务
- 开发一个教育项目
- 新建一个场所或搬到一个新场所
- 写一个拨款提案

# 项目经理

当你进行项目管理时，你将侧重于发挥项目团队的作用（通常由工作人员和志愿者组成，有时只有志愿者）来完成创建产品、服务或取得成果等内容的项目。项目经理就是团队的领导者，是整个项目目标实际负责人。在很多情况下，"项目经理"是一个角色，而不是职位或头衔。例如，如果特殊事件和直邮服务是项目内容，那么特殊事件负责人和直邮服务负责人就成为了项目经理，监督和引导当年内的各种相关工作。这些项目经理仍要负责项目外的日常工作，他们只是又担任了项目经理这一角色来确保项目的顺利进行。大型非营利组织通常有足够的员工，项目由专业的项目经理管理。然而，多数非营利组织仍依赖运营经理来管理项目。

项目经理对实现明确目标有自己的计划，比如在本财政年度结束前筹集
300 万美元；在本季度末之前将会员人数增加 20%。项目经理问组织："这个
项目的具体期望是什么？我们需要什么样的资源、预算和时间框架来实现这一
目标？存在哪些约束条件？"项目经理应用项目管理的工具和程序，快速制订
项目计划来确定实现成果所需开展的活动（参见第 6 章关于项目计划的详细信
息）。之后，项目经理将计划付诸实施，监督和管理整个活动流程，以确保达
到预期的结果。在第 8 章中可以找到更多关于项目经理所需属性的内容。

# 运营经理

另一方面，运营经理负责监督组织的日常运营。运营经理需要对维持组
织运行的业务进行监督：财务处理、捐赠确认、业务通信、办公室管理、长
期规划。运营经理和不同的项目经理将以与现在相同的方式，应对假期、绩
效和员工培养等工作，不同之处是需要使用更多的工具和信息。最重要的
是，他们一起商量决定资源分配以满足组织需求。表 4.2 对比了运营经理和
项目经理的职责。

表 4.2  运营经理和项目经理的职责

| 运营经理 | 职责 | 项目经理 |
|---|---|---|
| 负责部门预算 / 管理费用 | 预算 | 负责项目预算（成本和收入） |
| 负责整个项目的项目组合和内部活动的协调 | 日程安排 | 负责项目进度 |
| 负责志愿者数据库，负责整个组织的志愿者职位描述 | 志愿者 | 负责志愿者的参与，负责与项目相关的志愿者的职位描述 |
| 招聘、雇佣、分配项目；监督非项目活动的绩效执行情况 | 员工管理 | 监督项目活动的绩效执行情况 |
| 提供技能和职业发展培训 | 技能发展 | 开展项目任务所需的培训 |

# 资源分配

在非营利项目管理中，资源包括完成项目所需的人员（特别是志愿者）、设备和所需的资金。如何管理你的资源将决定你是否会从使用项目管理中获益。有效的资源管理的诀窍很简单：高效务实的非营利组织致力于当下重要的项目。仅仅因为一个特殊的事件在过去是卓有成效的，并不意味着这个事件当年应该再次举行。也许该事件所支持的因素不再是你的组织的战略考虑；也许你的需求已经得到了充分的解决，而其他一些更重要的事情，需要不同的方法、不同的项目。

高效务实资源管理的一个典型例子是美国红十字会对飓风"卡特里娜"的反应。飓风发生时，美国红十字会的一项重要的优先工作是启动应对"卡特里娜"，但当 2010 年海地发生地震后，解决"卡特里娜"带来的问题就变得不那么重要了。当优先事项发生了变化，红十字会开展的项目也需要进行相应的调整。另一个小案例是一场由家长教师联合会举办的当地田径比赛，通过比赛募集到的资金用于支持学校新操场的建设。一旦操场建成，就可以不再组织这种比赛了。取而代之的是，家长教师联合会面临为学校图书馆筹集资金的需求。首席执行官和董事会可能会决定，继续举办这项田径比赛，为图书馆建设募集资金，或许他们还会想到图书销售，这种方式可能会更好？他们也可以继续举办田径比赛，然后利用筹集的资金来维护新建的操场？他们选择哪个项目并不重要，重要的是，需要对项目、所需资源及其相对优先级进行深思熟虑的讨论。

非营利组织往往没有把他们的精力放在真正重要的事情和那些对他们的目标有重大影响的项目上。相反，他们关

> 📖 **术语**
>
> 在本书中，首席执行官是指领导非营利组织、对组织负有财务责任的人。在一些组织中，这个人可能是一位慈善机构的主管或副总裁。

注的是志愿者想要参与的项目，或者社区根据过去的几年的惯例预判的项目，例如每年的家庭日，项目内容为支持一个资金充足的儿童中心（不是年度战略计划的一部分）和开展5英里（约8千米）健

步走活动支持老年中心（组织的优先级）。许多组织会说，"我们有一个战略计划，我们正在跟进"。然而，他们的项目与这个计划并不一致。我的个人经验告诉我很少有组织会开展日常决策，来确定基于这些战略目标的优先级。并不是说他们没有做好工作，而是他们没有真正了解哪些项目比其他项目更重要。他们的资源太过分散，最重要的项目因为缺乏专注而推进困难。项目组合的使用可以帮助运营经理和项目经理在决定谁去做什么时确定优先级。

第14章提供了如何管理项目组合的建议，帮助你把精力集中在最重要的项目上。

## 志愿者和工作人员的职责

非营利组织面临的一个独特挑战是他们依赖志愿者来协助员工完成工作。在你的业务发展部门，需要完成的项目常常远远超出工作人员的负荷。这时，志愿者和志愿者委员会就因需求而引入。尽管偶尔会要求志愿者做一些程序性事务，比如接电话或协助回复信件，但他们大多数时候是被分配到项目工作中。但志愿者毕竟不是工作人员，他们的动机不同，需求也不同。志愿者在经济上没有得到补偿，就像我的一位志愿者同事所说的："我们用拥抱和微笑代替薪资报酬。"她做志愿者的动机是想要改变另一个人的生活。另一个经常显现出来的动力，尤其是对于年长的志愿者来说，志愿服务会有一种被需要的满足感，这体现奉献精神。聪明的管理者会意识到这一点，并在邀请志愿者进行一项工作时，记住这些需求和动机。

尽管在分配任务的时候需要考虑志愿者的技能和激情，但还有很重要的

一点是要认识到哪些项目和活动不适合志愿者参与。例如让一家大公司的首席执行官成为一名特别的活动赞助者，可能由高级开发人员或董事会成员来协调推进是稳妥的安排，过程中便于进行适当的洽谈和管理。显然这样的工作并不适合由志愿者跟进。而且，志愿者应该被视为临时员工；记住，他们不会像正式员工那样需要对公司负责。任何在一段时间内有延续性的项目活动都不适合志愿者承担。

当然，任何与财务责任有关的事项（批准付款、确认收到捐赠等）都应该被划归为正式员工的任务。这将确保组织的信托责任不受损害，并严格遵守相关政策。

志愿者应该在你的组织的整体资源库中体现，而这个资源库是为这个项目所用的，包括员工、志愿者、设备等。资源库应该有一个志愿者列表，类似于雇员数据库，内有志愿者的技能和能力、兴趣和适合工作项目特点的信息。一个文档化的资源库将有助于项目经理查询信息，并邀请有资格和感兴趣的志愿者来为组织中具有优先级的工作服务。与组织的项目组合一起使用资源库，还可以排除那些与组织策略不一致的"志愿者偏好项目"。资源库将向你展示一个志愿者的预期目标和技能列表，这样你就可以将志愿者与组织所开展的项目相匹配，为他们提供有价值的志愿服务机会，这样志愿者就不会离去而投入创造价值不高的项目。

# 小结

在你的组织中采用项目管理实践并不会削弱运营经理的角色。相反，它强化了一个专注的领导者角色。作为项目经理，角色重点是实现一个特定的、明确定义的目标以及监督项目中的工作人员和志愿者团队全力完成任务。项目组合和相关项目管理实践的应用将促进你的组织将资源分配给那些为组织的战略目标贡献最大的活动和项目。换句话说，运营经理和项目经理一起工作以确保在正确的时间、正确的人被分配到合适的工作岗位。

# 第 5 章

# 项目管理实践

在第 4 章中，我们将一个项目定义为"创建独特产品、服务或结果的临时工作"（项目管理研究所，2013），将几个活动定位为项目——特别活动、筹款活动、志愿者招募活动。资金募集活动可以看作一系列有共同目标的相关项目（被称为项目）。正如你所看到的，运营一个非营利组织的大部分工作都是项目管理，无论你能采取什么样的策略，只要能更好地管理你的项目，都将会提高你的非营利组织的整体发展水平。这就是项目管理如此重要的原因了。

术语

范围是一个项目所期望的产品、服务和结果。

项目管理研究所（2013）将项目管理定义为"应用知识、技能、工具和技术来完成项目活动，以满足或超出项目股东的需求和期望"。项目管理过程包含五个主要阶段：启动、计划、执行、监测控制和完结。在启动阶段，给新项目定位并获得授权启动。计划阶段，规划项目的范围，细化目标，并计划实现项目目标所需的操作步骤。执行阶段，组建团队，获得需要的其他资源，并共同完成计划中设定的工作任务。监测控制阶段，定期评估和监控项目的进展，确定需要更改计划的领域，并完成更改。完结阶段，正式验收产品、服务或成果。结束项目，并汇总在管理这个项目时的经验教训。

在管理你的项目时,你不会按顺序经历这些阶段,相反地,这些阶段通常交叉存在,甚至重复出现(图 5.1)。但是学习并应用这五个项目阶段相关的技能,尤其是在计划阶段,将对管理自己的项目助益颇深。

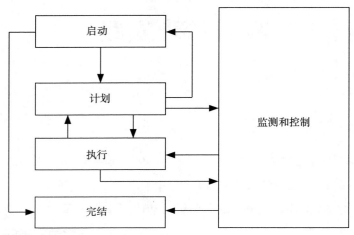

**图 5.1 项目管理五阶段**

注:在管理项目时,通常按顺序进行,从启动到计划、执行,最后完结项目,同时监测和控制项目。但是项目管理是高度迭代的,如箭头所示。如果你的组织是一个高效务实的非营利组织,你会经常在信息和项目需求发生变化的时候重新规划调整。

# 开始吧!

项目成功需要一个良好的开始和周全的计划。通常人们在被要求做一些事情的时候,倾向于着手直接投入到项目的核心活动中。发令枪响,比赛开始,运动员立即起跑。然而不要忘了,成功的跑者已经在心中计划好了他们的比赛进程。他们知道在这个问题上他们将面临的挑战,制定了克服的方法。他们了解哪里有补水站和签到处。他们知道什么时候需要冲刺,什么时候需要放慢速度。那些不太成功的选手只知道在听到枪声时起跑,在此之前根本没有一个深思熟虑的计划。

对于那些只对项目结果重点关注的非营利组织管理者来说,这种听到枪响立刻开始赛跑的习惯并不会引起他们的异议。但是，当管理一个项目，比如一个特殊的事件或一次倡议活动时，在开始之前，清楚地了解活动的范围是很重要的，这样才能确保达到正确的目的。像成功的跑者一样，成功的非营利管理者需要一个深思熟虑的计划来管理项目，而不是简单地闷头去做。

同样重要的是，确定一个人作为项目经理来组织和领导，支持团队完成项目工作，并交付所预期的结果。我们经常听到一个词"一键操作"，意思是一个人负责。这个人可以对上级汇报项目进展、由组织授权进行项目相关决策，例如决策谁去完成某项活动。在下文中，我们将假设你是项目经理。

## 为你的项目设置完成步骤

在考虑一个新项目时，项目发起人（受托管理委员会、首席发展官、董事等）应该考虑的第一个行动是为新项目任命一位项目经理。被指定的个人，无论是事务经理，还是邮件投递经理或活动经理，都应该与项目发起人会面，清晰了解项目。确认项目目标，包括如何衡量成果——如筹集到的资金数、捐款人数、筹集每一美元的花费、志愿者注册数、在预算内按期建成设施。有关开发目标的信息（表5.1）。

一旦你被指派为项目经理，并且清楚地了解项目的目标，你就需要开始准备项目立项证明和项目范围声明。我建议你创建一个项目指导手册［包括上述两个文件（表5.2）］。在手册中，你首先确定项目的目的，开展原因，并确定项目的利益相关者——也就是说，谁将受到项目的影响，以及他们对项

> 📖 **术语**
>
> 项目立项证明是由项目发起人签署的授权开展一个项目的文件，授权项目经理在项目活动中使用组织的资源。

> 📖 **术语**
>
> 项目范围声明是描述要交付产品或服务的工作的一种声明。它通常包括特定的内容和功能。举个例子，范围声明内容可以是一次"桌餐"。

目的兴趣是什么。汇总这些信息将帮助你确定谁有权做出与你的项目及其结果相关的决策。

### 表 5.1　精准的项目目标

- **具体**。目标清晰明了，没有什么不明确的因素——为什么要做，为什么重要，谁参与了，结果是什么。确保所有的利益相关者都能理解你的目标。
- **可衡量**。你需要明确的标准来衡量实现目标的进度，否则你无法确定是否完成了目标。标准可以是数量、质量、频率、成本和／或完成期限。
- **可实现**。你的目标必须是可以实现的。如果目标不可实现，目标的设定就毫无意义，并且会让那些为之努力的人失去动力。要自问一下是否有足够的资源来完成你的目标，以及你的团队是否能够真正完成所要求的任务。
- **结果导向**。你的目标必须能够产生对你和你的组织有重要性的结果。以结果为基础的目标将激励你的团队去实现目标，并激励其他利益相关者支持项目。
- **时限**。你的目标需要目标日期。设置截止日期可以帮助你的团队把精力集中在那些关键的时间点上。一定要考虑最后是否会影响项目结束期限。

注：SMART 是由这几项项目目标的英文单词首字母组成。当你设定你的项目目标时，使用它可以帮你快速回想起具体内容。你的目标应该是具体的、可衡量的、可实现的、结果导向的和有时限的。

接下来，你需要定义项目的范围。作为项目经理，你和项目发起人需要与项目的利益相关者会面，讨论为什么要开展项目（目的是筹集资金、促进管理还是提高社区意识？），并确定它的边界是什么。我的意思是，如果你的项目是一个关于社区意识活动，那么后续的倡议是否是活动的一部分？如果你的项目是一场高尔夫球赛，那么你和你的非营利性组织的主管们当天一起吃午餐是赛事的一部分吗？还是那只是一个单独的活动？你需要决定授权谁来决定与项目成果交付、进度和预算安排。这些决定都将出现在项目指导文件中，所有其他项目管理文档将基于这些信息进行处理。

使用正式的项目指导手册可以确保你、项目发起人和项目利益相关者获得对项目预期成果的相同认知。什么内容是范围内的，什么不在范围内，谁可以做出决定。这将是非常重要的文档，帮助你消除项目进展中出现的混乱情况并一次性做好。表5.3是一份与赞助商共进晚餐的项目指导手册的样表。

**表5.2　项目管理指导手册模板**

| 项目指导手册 |
| --- |

目的：项目指导手册表明一个项目已经得到了组织的初步批准，并且可以使用组织资源进一步定义和讨论该项目的细节。该手册描述了项目发起人和其他利益相关人所达成的共同愿景、范围、权限和可交付成果。

**项目确定**

| 项目名称 | 项目编号 | 创建日期 |
| --- | --- | --- |
|  |  |  |

| 项目发起人 | 项目所有人 |
| --- | --- |
|  |  |

| 进程经理 | 项目经理 |
| --- | --- |
|  |  |

**项目概况**

项目背景

（背景应该提供对项目的理解。解释项目的历史背景，包括此类项目在其他时间段开展的情况。）

业务需求

（记录项目有关的业务需求。这可能包括用于获得项目批准的文件材料。这里应该解释为什么这个项目要立项并实施。）

项目目标

[描述项目的目标及其可交付成果。所有的项目都应该支持并结合战略目标。目标应该是高效务实的（SMART，即具体的、可衡量的、可实现的、结果导向的和有时限的，见表5.1）。]

可交付成果描述

（描述项目的结果是什么形式的——一次特别活动，一封请求邮件或者一项新技术。包括任何可获得的财务成果，如所筹资金或获得的额外赞助。）

日期和标志性事件

（列出项目进展的关键日期节点和标志性事件。可以填写所有的媒体活动日期或预热活动，如捐款人早餐会。）

续表

| 组织确认 |
|---|
| （描述将参与项目中的有关部门和团体，包括志愿者。如果项目经理被确认，他或她应该被包括在这里。） |

| 商务安排 |
|---|
| （提供该项目的一份总体预算，以及讨论过的备选方案。） |

| 范围定义 |
|---|
| （具体陈述属于这个项目范围内的活动和产出，识别哪些活动不在范围内。例如，使用标准模块的项目将取代邮寄抵押金的管理使用。然而，营销海报的制作在项目活动范围内。） |

| 风险确定 |
|---|
| （重点列出任何已知的风险，包括项目按期进行和停顿时可能发生的风险。还要包括降低这些风险的所有计划。当项目团队在下一阶段做风险分析时，将对这些风险和计划做更详细的考察。） |

| 假设和约束 |
|---|
| （以着重号形式列出有可能对项目产生影响的已知估计和约束条件。在项目规划建议中列出所有估计和约束条件。） |

| 验收标准 |
|---|
| （描述项目将如何定期评审，以及哪个组织拥有最终的验收权限。描述项目蓝图。） |

| 继续推进的必要性 |
|---|
| 下阶段活动／资源——需要转移到下一个阶段，计划。 |
| ［描述更高一级的活动和需要的资源（包括志愿者）来完成下一个层次的计划。目标是确保所需资源的可用性。即使项目不再继续，也需要对这些资源进行梳理。］ |

**批准**

| 姓名 | 职务 | 日期 | 批准 |
|---|---|---|---|
|  |  |  |  |

| 附件，如需要添加 |
|---|
| （列出支持该文档中的信息的相关文档。） |

表 5.3 赞助晚宴的项目概述

| 项目指导手册 | | |
|---|---|---|
| **项目确定** | | |
| 项目名称 | 项目编号 | 创建日期 |
| 赞助者晚宴（7 月 20 日） | | 20110301 |
| 项目发起人 | 项目所有人 | |
| 苏珊·史密斯博士 | 简·伍兹 | |
| 进度管理经理 | 项目经理 / 团队成员 / 角色 | |
| | 詹姆斯·道（项目经理） | |

**项目概况**

**项目背景**

这个夏季活动每年举行一次，以表彰那些在当年支持协会的人，并鼓励他们继续支持我们所做的研究。除了鸡尾酒会，通常还包括一顿正餐。与会者包括协会的董事会成员和组织的官员。餐券和单人入场券都卖给了社区，这样他们就可以明确参与的内容。选定的客人将出席会议。以往这顿晚餐的门票收入可达 2.5 万 ~ 3 万美元。

**业务需求**

结识协会的支持者，分享我们的最新成就和当前的研究，为争取进一步的支持创造更多的机会。

**项目目标**

·在 6 月 15 日之前售出 350 张门票，以方便餐饮公司的安排和实现财务目标。
·确定十大赞助商，并安排他们出席晚宴。
·选择三项研究成果并安排三位研究人员出席晚宴。

**可交付成果描述**

一次鸡尾酒会和一顿桌餐晚宴，一个餐后的认可和研究成果展示。在招待会和晚宴上可以播放适当的音乐。

**日期和关键节点**

·4 月 15 日：确定晚宴地点
·5 月 1 日：确定演讲者和得奖者，制作营销材料
·5 月 14 日：售票
·6 月 15 日：确认门票销售数，为餐饮公司提供最终人数
·7 月 20 日：举办晚宴
·7 月 31 日：项目最终核算和收尾

# 计划吧！

> 📖 **术语**
>
> 　工作分解结构是项目团队以分层分解的方式执行工作任务，以达到预期的项目结果。

　　当你、项目发起人和利益相关者对项目指导手册内容感到满意时，你就可以开始考虑计划项目的细节了。这些计划包括项目的工作分解结构（详见第6章），确定工作人员、志愿者以及受益人的具体角色和职责（尤其是与预算和计划相关），招募和组建项目团队，与团队一起研究制定项目进度，确定阶段性里程碑，确认和规避风险，完成项目预算以及项目进度沟通计划。只有将这些步骤逐一做好，才能为项目的最终成功提供保障。我们将在接下来的章节里详细探讨这些内容。我想说的是知道是谁在什么时间执行什么活动，有多少资金可以使用，并了解相关的风险，这对于项目最终的成功是至关重要的。同样重要的是，要理解并执行一个沟通计划，以满足那些对项目感兴趣的人的需求。请参阅表5.4，这是一个完整的项目管理计划。

表5.4　项目管理计划

| 项目管理计划 |
|---|
| **1 介绍** |
| （用一两句话来介绍这个项目，它的发起人以及目标。） |
| **2 项目信息** |
| （用一段话简述项目。概述项目及预期结果。） |
| **3 项目管理模式** |
| （确定项目发起人、项目负责人、项目经理和项目副经理。提供项目管理团队的每个成员的联系信息。） |
| **4 项目范围** |
| （讨论项目范围。描述项目的目标、对象以及结果。） |

续表

**5 项目可交付成果**

（列出项目的可交付成果清单。包括：项目内部的可交付内容，例如用于销售活动门票的营销材料；外部可交付物是向其他人提供的项目，例如制作音乐会的节目单或发给参与者的门票。）
· 5.1 内部可交付成果
· 5.2 外部可交付成果

**6 项目组织结构**

（用项目团队的花名册或组织结构图来描述项目团队的组织结构。确认每个团队成员和相关角色。）

**7 沟通计划和模型**

（确认项目团队通信方式和方法。如果使用网络技术，明确网址和获得访问权的程序。包括一个通信矩阵，描述什么时候召开一定标准的会议，谁参与，以及何时提供项目状态报告以及如何分发。包括项目团队联系信息。）
· 7.1 项目团队和利益相关者联系信息

**8 范围管理计划**

（描述如何管理项目范围——谁被授权批准变更，以及如何审查和接受变更请求。）
· 8.1 范围说明
· 8.2 范围管理角色和职责
· 8.3 范围控制
· 8.4 范围验证

**9 预算管理计划（成本）**

（描述如何管理项目的预算——谁被授权批准支出，预算变更如何被审核和接受以及预算数据更新的频繁程度。）
· 9.1 预算管理角色和职责
· 9.2 预算规划和评估
· 9.3 预算跟踪
· 9.4 预算控制

**10 进度管理计划**

（描述如何管理项目的计划——谁被授权批准计划变更，比如分配给项目员工的休假请求，如何沟通计划的变更，以及时间表更新的频率。）
· 10.1 进度管理角色和责任
· 10.2 进度管理方法

| 11 资源管理规划 |
| --- |
| （描述如何被管理项目的资源——谁被授权批准项目的变更，以及新的团队成员将如何参与项目。）<br>·11.1 资源管理角色和职责<br>·11.2 资源导向<br>·11.3 资源培训 |
| **12 风险管理计划** |
| （描述如何管理项目的风险——确定项目团队和发起人审查项目风险的次数，他们有权启用规避风险计划；确定如何将风险的发生记录并传达给其他项目。）<br>·12.1 风险管理角色和职责<br>·12.2 风险管理程序<br>·12.3 风险文档 |
| **13 质量管理计划** |
| （描述如何管理项目的活动和成果的质量——谁将审查和批准可交付物。）<br>·13.1 质量管理角色和职责<br>·13.2 质量管理过程 |
| **14 供应商管理计划** |
| （描述供应商如何支持项目的管理——谁有权协商合同和价格，谁负责监督供应商的活动，包括批准发票和接受提供的产品或服务。）<br>·14.1 供应商管理角色和职责<br>·14.2 供应商采购流程<br>·14.3 供应商发票流程 |

注：这个表列出了包含说明的项目计划文档。如果你的项目很小，对组织没有什么风险，那么这些文档中的许多内容都是多余的。但是你至少应该考虑这些内容在开发你的项目管理计划中的重要性。

# 项目生命周期模型——项目成功的框架

设计项目的一个重要步骤是确定你需要遵循什么方法或流程，以促成该项目。也就是说，你需要制定一个框架来作指导，也就是所谓的项目生命周期模型。项目生命周期是"项目阶段的集合，用于定义项目的开始和结束"

（项目管理研究所，2013）。该模型简明展示了如何通过某些阶段来完成你的项目。

在决定是否应该遵循一套特定的流程来完成某件事的时候，你应该问一个经常被忽视的问题："为什么？在用新流程之后发生的问题会得到解决吗？"我们经常被告知，要确保组织中的每个人都以同样的方式工作，始终如一地说同一套话。当我们进一步探究为什么需要这种一致性时（毕竟，没有人在做同一个工作时完全一致），被告知如果每个人都以同样的方式工作，如果有人离开一个职位，其他人可以替补并完成这个角色。啊！现在我们谈论的是另外一回事——我们谈论的是规避风险。也就是说，设计或开发应用可重复管理流程的原因是为了确保实践的一致性，以便每个人都遵循相同的流程，这样职位空缺时就可以迅速填补，项目不会被打断。过分强调这种实践的一致性，使得许多管理者规避使用项目管理。他们担心项目管理程序太过繁杂，以至于在试图遵循"正确"的过程时，会浪费大量的精力，无法完成重要的工作。

但每个项目并不完全相同，它们也没有完全相同的风险。那么，为什么我们要求他们使用完全相同的流程，遵循同样的严格程序呢？如果项目是通过自己的项目生命周期模型来建立框架的，那么风险更有可能被避免，项目成功的可能性更大。这个框架既包

> 📖 **术语**
>
> 方法论是个体在完成实践、技术和流程的集合，由个体执行一个规程所使用。

含了传统的高效务实项目管理流程，也包含了与项目类型和风险相关的项目管理流程。你（项目经理）、项目发起人和项目计划团队（负责计划的人员，可能是整个项目团队的一个子集）应该一起决定支持项目成功所需的那些环节。也就是说，你们应该一起建立项目的总体框架，即项目的生命周期模型。

项目生命周期模型是适用于项目的，而管理规定通常应用对象是组织。组织的成熟的管理规定能够支持多个项目生命周期模型。项目管理团队可以使用的工具之一是通过基于项目需求的多种规定来开发一个项目生命周期模

型，以确保项目团队不会忽视关键的环节。精明的项目经理根据需要调整方法，以应对项目的风险和需求。

让我们深度思考最后一句话：精明的项目经理根据需要调整方法，以应对项目的风险和需求。这意味着你和你的项目计划团队应该了解项目的需求和相关的风险。然后，你可以研究所在组织的规定、指导方针、业务手册或向业务专家咨询，以了解需要什么活动来满足项目需求。

# 建立项目生命周期模型

在规划项目生命周期模型时，你的项目计划团队应该采用自上而下的方法，首先考虑项目所需的最高级别的重要活动。这通常从项目的五个不同阶段开始：启动、计划、执行、监测和控制、完结。

你的项目团队需要考虑的一个问题是：你如何将你的项目分解成更小部分，以便你可以更好地管理、分配工作人员，或者向你的发起人说明项目进展顺利？在开发项目生命周期模型时，要记住这个问题。

虽然一个项目通常只有一个启动阶段，但是对于一个特定的项目来说，让项目团队使用具有两个启动阶段的生命周期是很有必要的。例如，在项目开始前举办一次新的特别活动（这是一种特定的生命周期模型）。在本例中，项目发起人认为为项目争取足够的社区支持有风险。在你的项目计划团队，包括发起人，讨论过这个问题后，决定举办一次针对社区的预演，用这个方法来确定风险是否真的存在。你的项目的最初计划和要执行的活动是和筹款晚宴的策划和举办有关的，因此，如果举办晚餐的回馈是积极的，那么你的项目发起人可以确定并继续推进项目的计划和执行，从而开展实际的活动，直到项目结束。

在这种情况下，你的项目生命周期模型可能类似于图 5.2。通过做一些预演和测试，你的项目团队能够避免得不到社区支持的风险。

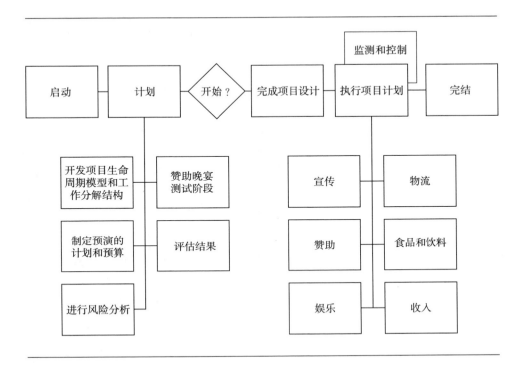

**图 5.2 赞助晚宴的项目生命周期模型**

## 然后呢?

在项目生命周期模型建立好之后，你的项目计划团队应该审查在项目执行阶段需要开展的实际工作。这就是第 6 章所描述的详细计划开始发挥作用的地方。你的项目计划团队确定了完成项目所需的工作类型，以及过去是否执行过类似的工作。

我已经给出了一个项目生命周期模型的简单示例。虽然它看起来很费事，但是开发一个项目生命周期模型通常很快，并且回报颇高。在大多数活动中，适当地规避可能是项目成功与否的决定因素。通过计划你的项目的总体流程，以非时序的方式思考，并利用多种规则、手册和其他资源来做出适当的程序，你的项目团队就可以开发一个与你们正在进行的项目一样独特的项目生命周期模型，最终促成整个项目。这个项目生命周期模型可以为第6章中更详细的讨论奠定基础。

# 监测、控制、交流、沟通、传达！

随着项目的进行，你作为项目经理，需要监督并掌控它，及时做出决策以确保项目的目标得以实现。你还要让所有的利益相关者都清楚项目的进展，确保没有意外。你需要定期与项目的志愿者和工作人员对项目范围声明进行回顾，以提醒他们项目的范围和目标。如果项目的利益相关者变更项目的目标（例如，增加活动的财务目标），你的项目团队必须知道，因为需要再评审项目计划以确定是否需要做其他的变更来实现新的目标。项目团队应该了解变更在资源、时间承诺和预算方面的影响。如果需要增加这些项目中的任何一项，你必须与项目利益相关者一起解决这些需求，并在继续执行之前获得项目赞助人的批准。要记录下来对项目的原始计划的任何变更，以便将来查询信息。

在项目的整个生命周期中（活动的计划、活动进行和活动的结束），你还将开展项目的沟通计划（在第7章中讨论）。这通常包括定期接收来自志愿者和工作人员的状况报告，并对其进行整合，向利益相关者汇报。报告形式可以是内部备忘录、致社区的信件或员工简报文章。至少，状况报告应该涉及项目的各类重要标准（表5.5）。

表5.5 赞助晚宴的项目状况报告

| 项目状况报告 | | |
|---|---|---|
| 项目确定 | | |
| 项目名称 | 项目编号 | 创建日期 |
| 赞助者晚宴（7月20日） | | 2011.04.01 — 2011.04.15 |
| 项目发起人 | 项目所有人 | |
| 苏珊·史密斯博士 | 简·伍兹 | |
| 进程管理经理 | 项目经理/团队成员/角色 | |
| | 詹姆斯·道（项目经理） | |

**成就（迄今为止用时：12小时）**

任务：会议
本周时间：2小时　到目前为止耗时：4小时　估计剩余时间：8小时
准备并参加每月的团队会议
与史密斯博士和艾伦（负责餐饮）会面，确定晚餐地点

任务：项目管理
本周时间：2小时　到目前为止耗时：8小时　估计剩余时间：40小时
·更新项目进度和预算（1小时）
·面试设计工作志愿者候选人（1小时）

任务：赞助确认
本周时间：0小时　到目前为止耗时：0小时　估计剩余时间：20小时
·这周没有活动

**接下来两周的活动**

任务：会议
·与简·伍兹的进度会议

任务：项目管理
·填充剩余的团队位置（设计工作，赞助）
·维护预算和进度；更新风险日志
·根据需要对团队成员做出反馈

任务：赞助确认
·确定潜在赞助商的初步名单，并与史密斯博士进行讨论

**需要解决的问题**

| 描述 | 优先次序 | 解决的日期 | 负责人 | 状况 |
|---|---|---|---|---|
| 史密斯博士整个6月都在出差 | #1 | 5/1/2011 | 史密斯博士 | 史密斯博士指定一名员工代替 |
| | | | | |
| | | | | |
| | | | | |

**延误的时间（时间、原因和恢复计划）**

无

# 不要急于开展下一个项目！

在成功完成一次活动或一次资金筹备后，通常庆祝完就转向下一个项目，忽略了完结项目这个关键步骤。一个合格的项目完结不仅包括清算该事件的财务费用，还包括召开最后的团队会议。这个会议的目的是获取项目相关的有价值的信息，并发起支持未来项目的志愿者管理工作。这个会议的参与者应该包括项目团队成员及项目的提出者。你应该关注所有的经验教训，促进项目良好运作的，应延续下去；阻碍项目开展的，以后应该规避。

# 小结

项目管理是一门特殊的学科，它专注于一个既定目标或目的的成功实现。项目管理的应用不需要更多的花销。相反，它需要的是项目管理领域知识和技能的实际应用，以确保项目——特殊事件、呼吁或志愿者招募——达到所期望的目标。事前关注项目界定和计划，及时注意项目的进展，交流项目的信息，获取经验教训以便预防今后项目成本过高的问题。

# 第 6 章

# 计划，执行，再计划

有一句俗语说，不管是人是鼠，即使最如意的安排设计，结局也往往会出其不意。然而，这并不意味着计划本身没有价值。在项目管理中，好的计划是成功的关键。适当的项目计划包括在确定需要的资源和需要执行的工作后设定一个具体的目标。它可以帮助你梳理那些可能导致你的计划思考不够充分的因素。

计划帮助你的团队开发项目的路线图，了解在什么时候会发生什么，如何组合在一起，以及在哪里存在风险。计划可以帮助你规避一些让你的项目偏离正轨的意外情况。一个经过深思熟虑的计划可以让一个项目的良好执行在没有员工和志愿者过度付出精力的情况下达到既定的目标。

## 你从哪里开始?

正如我们在第 5 章中提到的，你的初始项目计划从项目生命周期模型的开发开始，这是一个高层级框架，它指导你如何完成项目的活动，如何实现目标。在项目计划的下一步中，你需要确定所需的活动和每个活动所需的工作量，安排每个活动需要执行的时间，并最终确定谁将执行该活动。

这个更详细的计划的第一步是由团队制定项目工作分解图。工作分解图是将项目日程中的一系列工作进行细化，以方便执行，从而更好地完成项目目标。图 6.1 是一个赞助晚宴的工作分解图。

这张分解图是层次化的，从顶部项目的最终目标（比如赞助晚宴）开始，细分易执行的步骤。注意层次结构中的第一级（目标视作零级）由在特殊事件项目生命周期模型中确定的各个项目阶段组成。每个阶段进一步分解为完成工作所需的活动。项目计划团队确定工作分解图的第一层和第二层，也就确定了每层级中可能需要的工作方式。在开发较低层次的工作分解结构时，团队应该咨询组织中的工作人员或志愿者的意见，他们对每个活动中所涉及的详细工作都很了解，这样可以确保所有工作都无所遗漏。

工作分解图也为预算编制提供了一个依据。当你设计工作分解图时，经验法则是把工作分解成若干个可以在 40 ~ 80 小时内完成的活动，或者是易评估项目成本的规模。把工作分解成这种程度，可以让相关工作人员或志愿者感受到一种与完成日期相联系的紧迫感，以及至少每隔一周完成后的成就感。

继续我们的活动内容，让我们假设初始目标是一个赞助晚宴。如果你的组织是一个非营利组织，很可能在过去为高管或其他重要人物举办过宴会。项目计划团队可以思考先前成功完成所应用的流程和项目文书。然后将这些流程应用到当前项目的工作分解图中，作为项目团队实际为该晚宴准备的活动内容。在专门活动项目中，另一项重要工作是制作宣传海报、撰写新闻稿和其他附属资料。同样，你的组织很可能有一组常用的流程为公共事务部门所用。你的专门活动项目团队可以应用这些流程，而不必研究另一套操作办法。

通过这种模式，你的项目计划团队可以快速确定那些在过去成功举办的活动并将其纳入你的工作分解图中。这样可以在一定程度上确保没有忽视任何重要的工作，同时也能考虑特定项目的具体需求。

> 📖 **术语**
>
> 项目文书是项目团队在整个项目过程中生成的文档和其他资料。

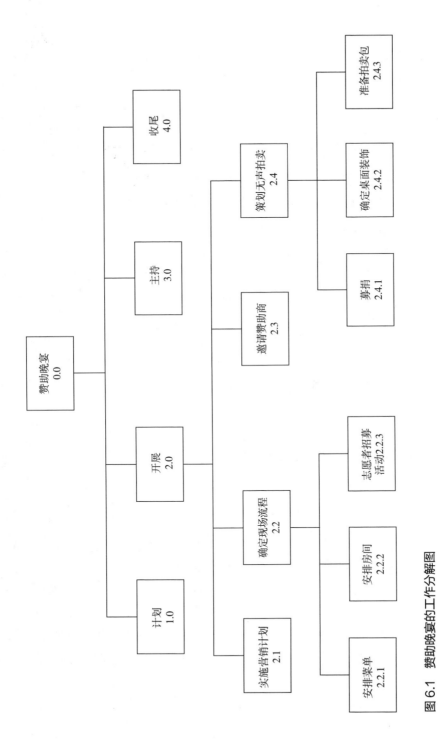

**图 6.1 赞助晚宴的工作分解图**

注：工作分解图展示了为实现项目的目标需要完成的易执行工作。

> ☑ **快速提示——项目墙**
>
> 　　我发现创建工作分解图的一个方法是设置一个项目墙。首先，先用一种颜色的便利贴来确定工作分解图最高层次。将项目阶段的名称写在便利签上，并将其贴在墙上。然后将每个人或工作小组，分配到项目中，用一个不同的颜色标记。要求团队成员在便签上写一个动词/名词的组合，描述其所执行的项目活动（这个活动可以在两周内完成）。例如，"设计邀请"可能是负责通信的人的工作。这里可能也会有"起草邀请函"的任务。负责邮件的工作人员选一个颜色来"写标签"。创建完标签后，项目经理将它们组合到工作分解图中。图6.2显示了项目墙的样例。在确定工作的过程中，可随时创建活动记录。

　　虽然在这种级别的细节规划工作可能看起来是一项非常繁琐的工作，但开发工作分解图，并将其作为构建项目进度和预算的基础，回报是非常丰厚的。当为工作人员和志愿者分配工作时，这种计划会显示其价值。使用工作分解图还可确保不会忽略任何重要的活动。

# 估计工作量

　　现在，包括你和项目发起人在内的计划团队对项目中涉及的工作有一个清晰的了解，可以开始估算完成每个活动所需的工作量。

　　统筹完成一个活动所需要的工作可能是项目计划中最艰巨的任务。通常是因为我们预估的是别人的执行情况，预估的可以是一项我们以前从未做过的活动；或者我们考虑的是工作时间，而不是资源消耗。资源消耗是指完成活动所需的人员或志愿者时间，通常以小时计，反映的是不受干扰的时间。所以，在估算工作量的时候，计算上电话和电子邮件等一般干扰的时间是很重要的。

　　工作时间被定义为完成一个活动所需的时间长度。在预估工作时间时，

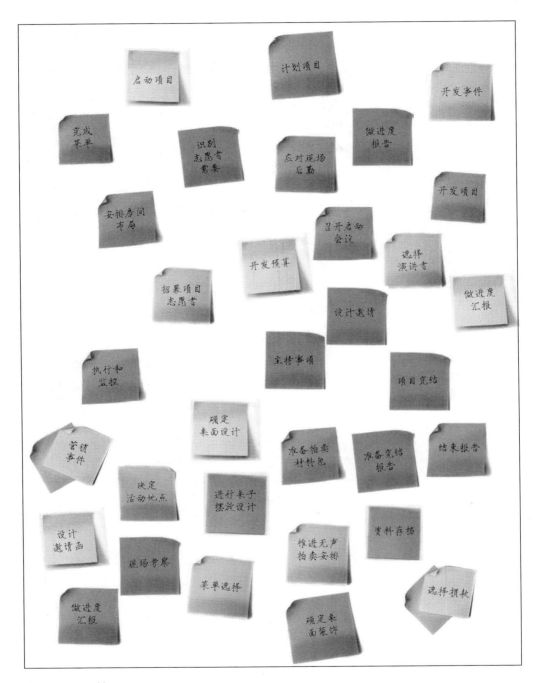

**图6.2 项目墙**

注：创建一个项目墙对于开发工作分解图非常有用。创建便签，列出你可以想到的每一个活动，并将其贴在墙上。然后你可以将它们列入工作分解图的分组中。

计划人员需要考虑其他工作人员或志愿者可能正在执行的工作，包括参加会议、支持其他项目、完成日常工作。这两种预估都用于计划，但首先让我们关注于效能。

估计完成一个活动所需时间的最佳方法是确定过去完成类似活动所需要的时间。你的团队应该始终考虑评估最可能执行该活动的人的能力，根据此项，来调整工作预估。如果过去的工作经验是不可借鉴的，或者是第一次执行此类活动，那么你的团队应该调研团队同行的工作经历，寻找做过类似活动的人。通常这意味着询问其他非营利组织的人员的经历。在这种情况下你的团队应该根据欠缺的经验评估调整，将风险最小化。

项目管理人员喜欢使用一种称为加权平均值的估算方法，将估算中的风险最小化。加权平均法是基于获得乐观的（最短的时间／精力或最小的成本）、悲观的（最长的时间／努力或最高的成本）和最有可能（最高概率）的工作包的估计，然后取三个值的加权平均值。该方法应用以下公式：

$$ 评估 = \frac{悲观 + (4 \times 最可能) + 乐观}{6} $$

你的项目团队可能会考虑将该方法应用到活动中，并进行评估。在这个场景中，每个团队成员都提供一个数字来表示最乐观、最悲观和最可能的估计值，然后取平均值并代入到公式中。

# 制作计划表

现在你的团队，包括你和项目发起人，对项目需要的工作和投入有了清晰的了解，可以开始确定每个活动如何匹配整体的项目进度，并确定项目完成时间。请注意，这是项目预计完成的时间，而不是一定会完成的时间。在完成第一项任务后，若有必要，你的团队可以进一步完善计划，确保按期完成任务。

在评估完成每个活动所需的工作量之后，开发项目进度的第一步是将工作放入任务清单中，确定哪些工作需要在其他事情开始之前完成，哪些工作可以并行执行。此时，你或项目发起人不能对你的计划团队设限，说"这对一个人来说工作量太大了"。记住，目前还没有进行工作分配。

> **✓ 快速提示**
>
> 当为每个活动创建工作评估时，应该将它们写在项目墙上的每个便签的底部。这将用于确定每个参与项目的人员需要付出多少精力。它还有助于项目经理验证是否已评估过所有的工作了。

> **✓ 快速提示**
>
> 把你用来优化工作分解结构的便签纸贴在墙上，以显示活动进行顺序和并行完成情况。

安排好所有的工作之后，下一步是确定这些活动的"截止日期"。这些日期经常被称为里程表，它们是由项目团队控制之外的因素驱动的。可能发生的此类活动是，特定的时间段里标明可免费使用的打印机，标识时间内他们可以免费打印材料，或者是年度董事会会议，会上发放晚会门票。

这时候，你可以确定完成项目所需的人员数量和资源分配。你的计划团队可以让这些人去评估实际的起止时间，也就是每项活动的开始和结束日期，要考虑日常工作中断、员工休假、退休或其他会让他们暂时无法完成项目等因素。许多人评估的一个普遍的经验法则是，一个典型的8小时工作日将会完成6个小时的有效工作。这其中处理日常的工作需要一些时间，剩下的就是项目工作的时间。如果一项活动可以由志愿者进行，那也应该

> **✓ 快速提示**
>
> 我再一次用在我的项目墙上的便签来指示志愿者活动，在每一张有志愿者活动的便签上画上一颗红色的星星。当志愿者被确认并被分配到这个活动时，我把志愿者的名字写在便签上。

在工作分解图中注明。

此时，项目墙内容可以被转移到一个项目进度记录工具中，比如微软开发销售的项目管理软件程序，或者是一个用于任务跟踪的电子表格。项目节点应该在该工具中突出显示，以便项目团队能够即时关注它们。经常向项目赞助者汇报项目进展和项目节点是非常必要的，至于项目细节无需汇报。图 6.3 中显示了一个项目节点图。表 6.1 显示了使用电子表格的项目进度，其中用黑体标识了项目节点。这是在项目团队会议中使用的时间表视图。

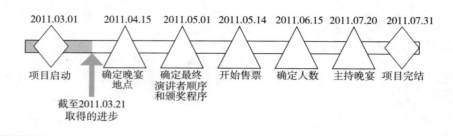

**图 6.3 赞助晚宴的节点图**

注：节点是项目生命周期中的关键事件。你要特别注意它们，如果在遇到这些截止日期时出现问题，你就可以采取措施，使整个项目按计划进行。

# 项目的沟通计划

关于项目经常被忽视的一个方面是如何高效向所有对项目感兴趣的人有效地传达项目状态。参加员工会议、进行项目陈述、为组织的"会议"撰写一篇文章——这些都是需要时间的项目活动，应该反映在项目的工作分解图中。

计划如何与项目团队和资金支持者沟通是项目经理的主要职责之一。与项目发起人一起工作，你应该明确共享项目状态的更新频次和形式。和项目发起人一起商定向赞助者正式汇报的频次，并指定准备汇报材料的人和汇报

表 6.1　赞助晚宴的详细项目时间表

项目时间表——赞助晚宴（7 月 20 日）

| 工作分解表 | 任务名称 | 工作耗时 | 持续时间 | 开始 | 完成 | 依赖性 | 完成百分比 | 分配给 | 实际效果 |
|---|---|---|---|---|---|---|---|---|---|
| 1.0 | **启动项目** | | | | | | | | |
| 1.1 | 开发项目的指导文档 | 4 小时 | 1 天 | 2011 年 3 月 1 日 | 2011 年 3 月 1 日 | | | 项目管理 | |
| 1.2 | **获得资源** | | | | | | | | |
| 1.2.1 | ·建立项目团队结构 | 1 小时 | 1 天 | 2011 年 3 月 1 日 | 2011 年 3 月 1 日 | 1.1 | | 项目管理 | |
| 1.2.2 | ·志愿者招募 | 6 小时 | 10 天 | 2011 年 3 月 1 日 | 2011 年 3 月 12 日 | 1.2.1 | | 项目管理 | |
| 1.3 | **开发项目管理的记录本** | | | | | | | | |
| 1.3.1 | ·制订主要风险管理计划 | 2 小时 | 1 天 | 2011 年 3 月 2 日 | 2011 年 3 月 2 日 | 1.1 | | 项目管理 | |
| 1.3.2 | ·进行风险分析 志愿者和史密斯博士 | 2 小时 | 1 天 | 2011 年 3 月 13 日 | 2011 年 3 月 13 日 | 1.3.1；1.2 | | 项目管理；团队 | |
| 1.3.3 | ·更新风险管理计划 | 2 小时 | 1 天 | 2011 年 3 月 14 日 | 2011 年 3 月 14 日 | 1.3.2 | | 项目管理 | |
| 1.3.4 | ·确定沟通计划 | 2 小时 | 1 天 | 2011 年 3 月 14 日 | 2011 年 3 月 14 日 | 1.2 | | 项目管理；团队 | |
| 1.4 | 项目团队启动 | 2 小时 | 1 天 | 2011 年 3 月 15 日 | 2011 年 3 月 15 日 | 1.2；1.3 | | 项目管理 | |
| 1.5 | 设置节点 | 5 小时 | 1 天 | 2011 年 3 月 16 日 | 2011 年 3 月 16 日 | 1.4 | | 项目管理 | |
| 1.6 | 完成项目进度和预算 | 5 小时 | 1 天 | 2011 年 3 月 17 日 | 2011 年 3 月 17 日 | 1.5 | | 项目管理 | |

续表

项目时间表——赞助晚宴

| 工作分解表 | 任务名称 | 工作耗时 | 持续时间 | 开始 | 完成 | 依赖性 | 完成百分比 | 分配给 | 实际效果 |
|---|---|---|---|---|---|---|---|---|---|
| 2.0 | 计划项目 | | | | | | | | |
| 2.1 | 确定地点 | | | | | | | | |
| 2.1.1 | • 研究可选的地点 | 2 小时 | 1 天 | 2011 年 3 月 18 日 | 2011 年 3 月 18 日 | | | 后勤 | |
| 2.1.2 | • 实地考察 | 4 小时 | 1 天 | 2011 年 3 月 20 日 | 2011 年 3 月 27 日 | | | 后勤 | |
| 2.1.3 | • 选择晚宴场所 | 0.5 小时 | 2 天 | 2011 年 3 月 20 日 | 2011 年 3 月 31 日 | | | 后勤 | |
| 2.1.4 | • 与承办商谈判合同 | 4 小时 | 10 天 | 2011 年 4 月 1 日 | 2011 年 4 月 15 日 | | | 项目管理; 采办 | |
| 2.1.5 | • 确定晚宴地点 | | | 2011 年 4 月 15 日 | 2011 年 4 月 15 日 | | | | |
| 2.2 | 计划晚餐 | | | | | | | | |
| 2.2.1 | • 确定装饰用品（鲜花、气球等） | 5 小时 | 1 天 | 2011 年 4 月 15 日 | 2011 年 4 月 15 日 | | | 后勤 | |
| 2.2.2 | • 订购装饰品 | 0.5 小时 | 1 天 | 2011 年 4 月 15 日 | 2011 年 4 月 15 日 | | | 后勤 | |
| 2.2.3 | • 安排餐饮承办商（与去年相同） | 2 小时 | 1 天 | 2011 年 4 月 16 日 | 2011 年 4 月 16 日 | | | 后勤 | |
| 2.2.4 | • 查看并选择晚餐菜单 | 3 小时 | 1 天 | 2011 年 4 月 17 日 | 2011 年 4 月 17 日 | | | 后勤 | |

续表

项目时间表——赞助晚宴

| 工作分解表 | 任务名称 | 工作耗时 | 持续时间 | 开始 | 完成 | 依赖性 | 完成百分比 | 分配给 | 实际效果 |
|---|---|---|---|---|---|---|---|---|---|
| 2.2.5 | · 完成晚餐菜单 | | | 2011 年 4 月 18 日 | 2011 年 4 月 18 日 | | | | |
| 2.3 | 确定主宾和致辞人 | | | | | | | | |
| 2.3.1 | 评估正在进行的研究项目 | 1 小时 | 1 天 | 2011 年 4 月 15 日 | 2011 年 4 月 15 日 | | | 主持人 | |
| 2.3.2 | 和史密斯博士一起回顾项目 | 1 小时 | 1 天 | 2011 年 4 月 15 日 | 2011 年 4 月 15 日 | | | 主持人 | |
| 2.3.3 | 通过研究选择 | 1 小时 | 1 天 | 2011 年 4 月 16 日 | 2011 年 4 月 16 日 | | | 主办者 | |
| 2.3.4 | 确认致辞人的人选 | 1 小时 | 1 天 | 2011 年 4 月 17 日 | 2011 年 4 月 17 日 | | | 主持人 | |
| 2.3.5 | 从捐赠者数据库管理员那里获得前 10 名赞助商的名字 | 0.5 小时 | 2 天 | 2011 年 4 月 18 日 | 2011 年 4 月 19 日 | | | 主持人 | |
| 2.3.6 | 副总裁批准主宾名单 | 0.5 小时 | 2 天 | 2011 年 4 月 20 日 | 2011 年 4 月 21 日 | | | 主持人 | |
| 2.3.7 | · 最终确认致辞人和主宾 | | | 2011 年 5 月 1 日 | 2011 年 5 月 1 日 | | | 主持人 | |
| 2.4 | 准备、邮件邀请 | | | | | | | | |
| 2.4.1 | 制作主宾邀请函 | 5 小时 | 1 天 | 2011 年 4 月 18 日 | 2011 年 4 月 18 日 | | | 票务 | |
| 2.4.2 | · 副总裁的批准信函 | 1 小时 | 1 天 | 2011 年 4 月 19 日 | 2011 年 4 月 19 日 | | | 主办者 | |

续表

## 项目时间表——赞助晚宴

| 工作分解表 | 任务名称 | 工作耗时 | 持续时间 | 开始 | 完成 | 依赖性 | 完成百分比 | 分配给 | 实际效果 |
|---|---|---|---|---|---|---|---|---|---|
| 2.4.3 | · 打印主宾邀请函 | 5 小时 | 3 天 | 2011 年 4 月 19 日 | 2011 年 4 月 23 日 | | | 票务 | |
| 2.4.4 | · 邮寄主宾邀请函 | 1 小时 | 1 天 | 2011 年 4 月 24 日 | 2011 年 4 月 24 日 | | | 票务 | |
| 2.4.5 | · 设计票务邀请和措辞 | 5 小时 | 2 天 | 2011 年 4 月 18 日 | 2011 年 4 月 19 日 | | | 票务 | |
| 2.4.6 | · 与打印人员协调设计 | 1 小时 | 5 天 | 2011 年 4 月 19 日 | 2011 年 4 月 24 日 | | | 票务 | |
| 2.4.7 | · 副总裁审查和批准邀请 | 1 小时 | 1 天 | 2011 年 4 月 25 日 | 2011 年 4 月 25 日 | | | 票务 | |
| 2.4.8 | · 从数据库管理员获取邮件列表 | 1 小时 | 2 天 | 2011 年 4 月 19 日 | 2011 年 4 月 21 日 | | | 数据库管理员 | |
| 2.4.9 | · 副总裁审查和批准邮件列表 | 4 小时 | 5 天 | 2011 年 4 月 20 日 | 2011 年 4 月 24 日 | | | 主办者 | |
| 2.4.10 | · 打印邀请函和信封 | 5 小时 | 3 天 | 2011 年 4 月 25 日 | 2011 年 4 月 30 日 | | | 票务 | |
| 2.4.11 | · 邮寄邀请请入场券 | 1 小时 | 1 天 | 2011 年 4 月 30 日 | 2011 年 4 月 30 日 | | | 票务 | |
| 2.5 | 门票销售 | | | | | | | | |
| 2.5.1 | 接收回复和跟踪回复 | 30 小时 | 30 天 | 2011 年 5 月 14 日 | 2011 年 6 月 14 日 | | | 票务 | |
| 2.5.2 | · 创建 "可以" 回复的名称标签 | 30 小时 | 30 天 | 2011 年 5 月 14 日 | 2011 年 6 月 14 日 | | | 票务 | |
| 2.5.3 | · 提供餐饮服务的最终数量 | 30 小时 | 30 天 | 2011 年 6 月 15 日 | 2011 年 6 月 15 日 | | | 后勤 | |
| 2.5.4 | · 门票销售结束 | | | 2011 年 6 月 15 日 | 2011 年 6 月 15 日 | | | 票务 | |

续表

项目时间表——赞助晚宴

| 工作分解表 | 任务名称 | 工作耗时 | 持续时间 | 开始 | 完成 | 依赖性 | 完成百分比 | 分配给 | 实际效果 |
|---|---|---|---|---|---|---|---|---|---|
| 3.0 | 晚宴开始 | | | | | | | | |
| 3.1 | 检查表的设置，并根据需要进行修正 | 2 小时 | 1 天 | 2011 年 7 月 20 日 | 2011 年 7 月 20 日 | | | 后勤 | |
| 3.2 | 提供晚餐登记表（姓名标签） | 2 小时 | 1 天 | 2011 年 7 月 20 日 | 2011 年 7 月 20 日 | | | 票务 | |
| 3.3 | 工作人员衣帽间检查 | 4 小时 | 1 天 | 2011 年 7 月 20 日 | 2011 年 7 月 20 日 | | | 当天的志愿者 | |
| 3.4 | 监控宴会负责人执行情况 | 4 小时 | 1 天 | 2011 年 7 月 20 日 | 2011 年 7 月 20 日 | | | 后勤 | |
| 3.5 | 见面并问候致辞人和主宾 | 2 小时 | 1 天 | 2011 年 7 月 20 日 | 2011 年 7 月 20 日 | | | 主持人；主办方 | |
| 3.6 | 与会者见面和问候 | 2 小时 | 1 天 | 2011 年 7 月 20 日 | 2011 年 7 月 20 日 | | | 项目管理；项目负责人 | |
| 4.0 | 项目结束 | | | | | | | | |
| 4.1 | 做晚餐的后续工作 | | | | | | | | |
| 4.1.1 | • 给致辞人写感谢信 | 4 小时 | 1 天 | 2011 年 7 月 25 日 | 2011 年 7 月 25 日 | | | 主持人 | |

续表

## 项目时间表——赞助晚宴

| 工作分解表 | 任务名称 | 工作耗时 | 持续时间 | 开始 | 完成 | 依赖性 | 完成百分比 | 分配给 | 实际效果 |
|---|---|---|---|---|---|---|---|---|---|
| 4.1.2 | • 获得史密斯博士的批准 | 1 小时 | 1 天 | 2011 年 7 月 26 日 | 2011 年 7 月 26 日 | | | 主持人 | |
| 4.1.3 | • 邮寄感谢信 | 1 小时 | 1 天 | 2011 年 7 月 26 日 | 2011 年 7 月 26 日 | | | 主持人 | |
| 4.1.4 | • 制作给志愿者的感谢信 | 2 小时 | 1 天 | 2011 年 7 月 25 日 | 2011 年 7 月 25 日 | | | 项目管理 | |
| 4.1.5 | • 获得史密斯博士对志愿者感谢信的批准 | 1 小时 | 1 天 | 2011 年 7 月 26 日 | 2011 年 7 月 26 日 | | | 项目管理 | |
| 4.1.6 | • 获得简·伍兹的志愿者感谢信的批准 | 1 小时 | 1 天 | 2011 年 7 月 26 日 | 2011 年 7 月 26 日 | | | 项目管理 | |
| 4.1.7 | • 邮寄感谢信给志愿者 | 1 小时 | 1 天 | 2011 年 7 月 26 日 | 2011 年 7 月 26 日 | | | 项目管理 | |
| 4.2 | 准备财务报表 | | | | | | | | |
| 4.2.1 | • 获取并处理所有发票 | 4 小时 | 1 天 | 2011 年 7 月 25 日 | 2011 年 7 月 25 日 | | | 项目管理 | |
| 4.2.2 | • 从会计处获取门票销售金额 | 1 小时 | 1 天 | 2011 年 7 月 25 日 | 2011 年 7 月 25 日 | | | 项目管理 | |
| 4.2.3 | • 准备最后的状态报告 | 3 小时 | 1 天 | 2011 年 7 月 27 日 | 2011 年 7 月 27 日 | | | 项目管理 | |
| 4.3 | 完成项目管理笔记本的内容 | 2 小时 | 1 天 | 2011 年 7 月 28 日 | 2011 年 7 月 28 日 | | | 项目管理 | |
| 4.4 | 存档所有与项目相关的信件 | 2 小时 | | 2011 年 7 月 31 日 | 2011 年 7 月 31 日 | | | 项目管理 | |

人。与整个项目团队协作，以确定团队会议的安排，尊重自愿参与会议的志愿者。这可能意味着办一个所有志愿者都可以参加的，在一个地方召开的周末或晚上的会议。你还应该解决团队成员不能参加或与会期间发生的团队成员之间沟通的问题。当和志愿者一起工作时，重要的是要记住，不是每个人都随时能接触到技术工具；不要认为每个人都能及时关注电子邮件并按时回复，或者每个人都有可以接收文本信息的智能手机。我曾参与过本地医院的福利项目，在项目组里有一位年轻的女性，她家里就没有电脑。她依靠社区图书馆的电脑来检查电子邮件，而且她只能在星期六做。如果我需要联系她，告诉她在一周内会有一个会议时间变更或最新相关信息，我需要打电话给她。另一个普遍被忽视的问题是，想当然地认为每个人都带着手机，而且随时都能接收信息。一定要知道，如果你需要重新安排会议，如何能够在短时间内通知团队成员。

　　表6.2是你的赞助商晚宴项目的一个沟通表。它是一种跟踪项目交流需求的工具。表6.3详细描述了沟通表中显示了哪些信息。

表 6.2 赞助晚餐沟通表

| 项目选定 | | 项目编号 | |
|---|---|---|---|
| 项目名称 | 赞助晚宴 | 持续时间 | 2011.03.14—03.18 |
| 项目所有者 | | | |
| 项目赞助者 | 苏珊·史密斯博士 | | |
| 项目经理 | 詹姆斯·达维 | | |
| 程序经理 | | | |

目的：识别项目通信需求，及时提供发送和接收项目数据的信息。

| 什么 | 来源 | 由谁 | 对谁 | 至何时 | 如何 | 为什么 | 限制/评论 |
|---|---|---|---|---|---|---|---|
| 项目概述 | 苏珊·史密斯博士 | 简·伍兹 | 所有利益相关者 | | 电子邮件群发 | 程序意识，为什么公开展程序 | |
| 项目更新 | 詹姆斯·达维 | 詹姆斯·达维 | 所有利益相关者 | 两星期一次 | 电子邮件 | 更新项目的状态 | 在前/中/后期传递目标信息 |
| 项目状态 | 计划表 | 詹姆斯·达维 | 核心工作人员，团队成员，发展办公室 | 每周 | 进度汇报会议 | 跟踪状态，管理问题 | |
| 立项陈述 | 苏珊·史密斯博士 | 简·伍兹，詹姆斯·达维 | 核心工作人员，公共事务，发展办公室 | 3月31日 | 陈述 | 程序意识 | 包括异地员工的电话会议 |

表6.3　沟通表说明

| 沟通表说明 | |
|---|---|
| 领域 | 描述 |
| **什么**（信息或事件） | 描述需要向听众传达的信息，例如"状态报告"。在定义信息时，请考虑以下几点：<br>·项目需要传达哪些信息？<br>·谁在授权、赞助和／或支持这条信息？<br>·会发生什么？与此相关的其他需要或工作是什么？<br>·我们需要开展多长时间？什么时候会发生？<br>·这将发生在什么地方，在哪间办公室？这种情况不会在哪里发生？<br>·如何发生的，在什么步骤或计划外？<br>·项目团队将如何帮助你应对变化？<br>·接待人员需要做什么，在什么时候做？<br>·什么时候会有进一步的沟通、跟进等行为？<br>·哪里可以得到更多的信息？应该联系谁？在什么时候？ |
| **来源** | ·信息从何而来？<br>·这些信息由谁提供？<br>·这些信息是否需要在发布之前得到确认？（如果是，由谁确认？） |
| **由谁**（涉众发送信息） | 对于沟通表中的每一个消息／事件：<br>·谁将准备／呈现这条消息？<br>·谁将开发媒体资源并协调它的交付／展示？<br>·谁将撰写或签署信息？（这是谁的信息？） |
| **对谁**（需要知道信息的利益相关者接收信息） | 每次沟通的对象是谁？检查项目章程、工作说明书和其他项目文档来确定对象。将一些信息根据功能或组成员区分的受众：<br>·项目（关键项目利益相关者、所有项目人员、项目经理、项目发起人、职能区域经理、顾问）。<br>·IT（所有的IT，关键的支持人员、所有经理、部分经理、直接报告、焦点小组、辅助小组）。<br>·用户数量（参与项目的关键组的用户）。<br>·功能区域（功能组参与者不在项目团队，跨职能组，按区域组通知功能组）。<br>·公司（执行委员会，选定的执行人员）。<br>·用户数量（参与项目的关键组的用户）。<br>一些受众将依据项目阶段、节点和状态进行划分：<br>·入门的受众。<br>·不同阶段和节点的受众。<br>·阶段性成果观众。<br>·终场观众，进行项目评审并分享成功。 |

续表

| 沟通表说明 | |
|---|---|
| 至何时（需要频率或日期，时间） | 考虑项目承担者、项目团队成员和主要利益相关者的投入，以确定沟通方式和时机。 |
| 如何（通信方法/工具） | 如何沟通取决于项目的阶段、受众等，通常需要面对面地沟通，以获得支持，并促使执行人采取行动。在其他时候，纸质复印印刷和电子媒体或媒体组合是有效的。考虑以下问题：<br>·一对一会议　　　　　·小组会议<br>·信函和其他纸质复印　·视频会议<br>·传单和小册子　　　　·电子邮件<br>·电话（电话会议等） |
| 为什么（沟通目的，信息目标） | 为什么发生通信？<br>·沟通的预期效果是什么？<br>·我们希望借助通信实现什么？<br>·通信的好处是什么？ |
| 限制 | ·有任何与此相关信息发布限制？<br>·考虑你的合同义务的信息发布吗？<br>·这个信息不是用于发布和/或广泛发布？<br>·这是公司机密信息吗？ |
| 备注 | 在需要时添加注释以阐明消息和/或信息发布需求。（更新项目笔记本，修改。） |

# 解决项目风险

在项目计划期间需要考虑的另一个领域是项目的风险管理。确定一个项目的风险，分析、应对是你的最重要任务之一。

你的团队应该协助你确定潜在的项目风险和可能的应对措施，以避免风险成为项目的真正麻烦。风险响应分为四类：减轻、避免、转移或接受（表6.4）。

你、项目发起人和项目团队应该共同确定最理想的风险响应。如果这种响应可能会影响项目的预算，应该与资助者沟通，确保他们在必要的时候提供资金。如果有条件的话，应将临时的资金批准文件记录下来，以备将来查阅。

表6.4 风险响应分类

| 风险响应 | 说明 |
|---|---|
| 减轻 | 我们能做些什么来降低风险对项目的影响？ |
| 避免 | 我们能做些什么来预防这种风险的发生？ |
| 转移 | 我们可以要求项目以外的人应对这个风险吗？ |
| 接受 | 我们对此无能为力。 |

　　风险识别和分析最好在你和整个项目团队全部参加的研讨会中完成。该领域专家参与分享过去类似项目的经验也是有益的。研讨会应该由不参与项目的人主持，这样你和项目发起人就可以参与到研讨会中，而不必担心会议运行的机制。在研讨会期间，与会者预测可能发生的风险。一些常见的风险包括：室外活动开展可能遇到恶劣天气；一个重要的赞助者未能提供承诺的服务；没有足够的志愿者来开展活动。

　　当确定了每个风险时，应讨论它发生的可能性以及对项目的影响。所有的风险和缓解计划都应该记录在风险日志里（表6.5、表6.6、表6.7和表6.8）。这个文档应该是一个"活的"文档，作为项目管理会议和评审的一部分进行回顾和更新。风险日志可以用来记录这些风险是什么、发生的可能性以及影响。汇总整理好所有风险后，计算出加权概率，由团队提出风险响应的对策，确认这些风险的加权概率是否超过了组织的风险阈值。组织的风险阈值是衡量组织愿意承担多大风险的一个度量标准。根据项目的总体危急情况，它可能会根据项目的不同而有所变化。因此，这是与项目发起人讨论的一个度量标准。数字较高表明了不愿承担风险，数字较低表明愿意承担一定的风险。

> 📖 **术语**
>
> 项目风险是一个不确定的事件，如果发生，可能会对一个或多个项目目标产生（正或负）影响。

表 6.5　赞助晚餐的风险响应日志

| 目的 | | 风险响应 | | | | | 创建日期 | | |
| 记录风险的描述和评估,并提供应对风险的行动计划。风险日志为项目团队对风险进行评估提供了一个参考。风险是一个不确定的事件或环境因素,如果发生,对项目目标有积极或消极的影响。风险日志中列出了所有的风险,只有风险级别为5或以上的风险列在详细的风险响应表上。不要列出所有的商业风险,只列出与当前项目相关的业务风险。 | | | | | | | 20110301 | | |
| | | 项目选定 | | 项目编号 | | | 程序经理 | | |
| | | 项目名称 | | | | | | | |
| | | 项目所有者 | | 项目经理 | | | | | |
| 项目赞助者 | | 简·伍兹 | | 詹姆斯·达维 | | | | | |
| 苏珊·史密斯博士 | | | | | | | | | |
| 确定日期 | 风险编号 | 风险描述 | 分类 | 潜在影响 | 风险责任人 | 发生概率(1~5) | 风险影响(1~5) | 风险水平(1~25) | 回应 | 状态 | 调用响应的日期 |
| 03/01/2011 | 1 | 缺乏响应 | 外部风险 | 事件不会产生结果 | 简·伍兹 | 1 | 5 | 5 | 规避 | | |
| 03/01/2011 | 2 | 恶劣天气 | 外部风险 | 事件不会产生结果 | 詹姆斯·达维 | 2 | 5 | 10 | 减轻 | | |
| 03/01/2011 | 3 | 设备故障 | 技术风险 | 项目限制 | 简·伍兹 | 2 | 4 | 8 | 转移 | | |
| 03/01/2011 | 4 | 活动期间现场志愿者人数不足 | 资源风险 | 现场缺乏组织人员 | 詹姆斯·达维 | 3 | 3 | 9 | 规避 | | |

有足够的远见，往往可以规避或降低项目风险。有时，这可能意味着将项目预算的一部分作为储备，以应对风险。例如，恶劣天气的应对计划可能会使一个事件发生环境调整为室内；如果需要的话，那么可能会产生使用设施费用或减少门票销售情况。或者，无论天气状况如何，与恶劣天气相关的风险完全可以通过改变场地，调整为室内活动而避免。如果没有足够的志愿者来支撑项目的开展，可能会通过与临时人员、机构签订合同或给员工加班费增加额外工作时间来降低这种风险。在确定风险响应时，项目团队需要具有创造性，并真正地思考各种可能性；不应该一开始就给自己的建议设限。你和项目发起人可以根据需要申请提高实际标准（通常是预算）。

**表 6.6　风险响应日志的说明**

| 风险响应日志说明 | |
|---|---|
| **领域** | **描述** |
| 日期确定 | 使用格式 月／日／年列出风险第一次识别的日期。 |
| 风险编号 | 按顺序排列风险编号1、2…… |
| 风险描述 | 描述风险——一个事件或条件，如果发生，对项目的目标有积极或消极的影响（例如被收购的技术在两个月内不会得到制造商的支持）。 |
| 分类 | 风险类别是潜在风险分类的来源。选择适当的风险类别：项目管理风险、资源风险、客户风险、技术风险、外部风险、供应商风险。 |
| 潜在影响 | 说明当风险发生时，项目将受到什么影响（例如，没有制造商对这项技术的支持将会对产品的推出产生不利影响）。 |
| 风险责任人 | 列出持有该风险的人的姓名，并确定该计划的执行人。 |
| 发生概率 | 用 1～5 表示风险发生的概率，其中 1＝低，5＝高。（注意：这个单元要求你在 1～5 之间输入一个整数）。 |
| 风险冲击 | 如果风险发生时，说明项目风险的后果。使用 1～5 表示，其中 1＝低，5＝高（注意：这个单元要求你在 1～5 输入一个整数）。 |
| 风险等级 | 通过风险产生的概率乘以发生概率影响来确定整体风险水平。这个因素将在使用电子表格时自动计算。如果风险等级为16 或以上，则需完成详细的风险响应形式表格。 |
| 响应 | 从下列其中一种回答中选择。接受：接受后果，不会影响整个项目的成功，但可能会导致一个节点推迟。避免：消除风险的原因——改变项目方向，以保护项目目标不受此影响。缓解：采取行动降低风险达到可接受的阈值的可能性。转移：转移管理风险的责任，包括对后果的所有权和接受。转移并不能消除风险。 |
| 状态 | 从列表中选择风险的状态：新的、正在评估的、正在进行的、完成的。 |
| 调用响应的日期 | 使用格式 月／日／年列出响应策略被调用／实现的日期。 |

表 6.7 赞助晚宴的详细风险响应日志

## 详细的风险响应日志

**目的**：本文档用于进一步记录风险日志中的风险。目标是记录和分析详细的风险问题。不是所有的风险分析都使用这种形式，只有风险日志上列出的风险级别为16或更高级别的风险代表那些具有较大影响力和高概率发生的风险，因此此图试图阻止发生的风险，和制订应急计划和将有利于项目的开展。

| 项目名称 | 项目编号 | 创建日期 |
|---|---|---|
| 赞助晚宴 | | 2011.03.01 |
| **项目所有者** | **项目经理** | |
| 简·伍兹 | 程序经理 | |
| **项目赞助者** | | |
| 苏珊·史密斯博士 | | |

确定项目

| 风险编号 | 分类 | 风险的进一步定义 | 损失时间/成本 | 预防风险时间/成本 | 回应 | 预防战略计划 | 应急战略计划 |
|---|---|---|---|---|---|---|---|
| 1 | 外部风险 | 出勤率不高 | 损失利润20000美元；对募捐的影响 | 1500美元用于支持额外营销部门；10000美元的广告成本 | 规避 | 专注于营销计划 | |
| 2 | 外部风险 | 恶劣天气影响出勤率 | 损失利润20000美元；对募捐的影响 | 40个小时的志愿者服务时间来索选择 | 减轻 | 看看靠近主干道的其他候选地方 | |
| 3 | 技术风险 | 约翰逊博士是主要影响因素；没有他，数字可能会消失 | 损失利润20000美元；对募捐的影响 | 没有成本 | 转移 | 让约翰逊博士替我们安排一个备选的专家 | |
| 4 | 资源风险 | 依赖志愿者招揽和开展合作 | 对募捐的影响 | 25000美元的印刷成本 | 规避 | 看看打印招标材料是否可行 | |

表 6.8　完成详细风险响应日志的说明

| 详细的风险响应日志说明 | |
|---|---|
| **领域** | **描述** |
| **风险编号** | 列出与之相关的风险日志的风险编号。 |
| **分类** | 通常风险是根据其原因、来源或影响范围进行分类的。<br>定义风险的类别——项目管理风险、资源风险、客户风险、技术风险、外部风险、供应商风险。<br>从下拉框中选择。 |
| **进一步的定义类别** | 在这个类别中，可能需要进一步的定义，例如软件设备、客户、配置、物流、通信或其他。 |
| **小时 / 成本损失** | 如果风险发生，确定将会损失的预期工时或成本。 |
| **预防风险时间 / 费用** | 建立预期的时间或成本，以确定和制订预防战略或应急计划。 |
| **响应** | 从下面的回答中选择。接受：接受后果，不会影响整个项目的成功，但可能会使一个节点延后。避免：消除风险的原因——改变项目方向，以保护项目目标不受此影响。缓解：采取行动降低风险达到可接受的阈值的可能性。转移：转移管理风险的责任，包括所有权和承担后果。转移并不能消除风险。 |
| **预防战略计划** | 确定将采取哪些步骤来防止这种风险的发生。例如：前往一个移动实验室时携带 14 台笔记本电脑，250 英尺（约 76.2 米）的电缆，2 个集线器和 1 台服务器。手提电脑中的网卡可能会在运输过程中受损。为了防止这种情况发生，笔记本电脑需要特殊的包装。 |
| **应急战略计划** | 列出将在风险事件实际发生时执行的备份计划。例如：旅行的人将携带另外两张网卡。到达每个城市，在部署之前，事先研究和联系一个供应商，以确保在需要的时候可以使用笔记本电脑查询库存资源。 |

# 制订计划

制订计划为项目的实施奠定基础。计划需要在项目开始时进行，一个优秀的项目经理（也就是你）从来不停止计划。在项目的整个生命周期中，计划和重新规划都是持续的，这将影响项目的预算、资源或开展范围。当你收到状态更新时，应该查看项目的进度、预算、风险和资源，以确定是否需要修改某些内容，确保项目继续保持正轨。你也需要时刻保持对项目开展所在社区发生的事件的关注。一个新的组织宣布成立，贵公司董事会董事提出了重要的新需求，一个竞赛事件宣布开始——这些活动发生在你的项目实施地周边，可能对项目的整体成功产生影响。你应该和你的项目赞助者一起评估和应对这些影响，以确定是否需要规避这些因素。我们要考虑所有外部事件对项目可能产生的积极或消极影响。

# 案例研究：项目计划

最近，当地医疗保健系统信托基金的特别活动策划人员跟我接洽，希望我担任即将举办的活动的主席。由于前主席已从该地区搬走，而以前的团队成员都对该职位不感兴趣，因此正在寻找新的主席人选。我初来乍到，对正在计划中的事件有着新认知，以前也参与过信托基金支持的一个从属机构的工作，因此我欣然接受了这个任务。

任务的目标之一是向团队介绍一些新的理念、新实践和新团队成员，以替代那些对其他工作角色感兴趣的成员。此外，信托公司还希望提高该事件产生的收入。

当我第一次参与会议，介绍自己并熟悉工作内容的同时，我采取的行动中的一步就是让这个团队中返聘的资深同事当我的副手，为我的领导决策提供一些建议。这也让我可以"分而治之"，这将是一个跨越假期的为期6个月的大冲刺活动。然后，我安排活动策划人员与我和副手会面，以建立项目生命周期模型和初始工作分解结构。这帮助我们给自己分配任务，以便与现有的团队成员制订更详细的计划。更详细的计划开始于与团队一起分析工作分解结构，为每个主要的工作项目环节招募负责人和寻求支持。然后，每个团队成员都回顾了他们所需要完成的活动，并确定"完成"日期，活动计划者将其拖到一个来跟踪进度的时间截止点的日程表中。

我和我的副手还见了活动策划人员，以审查项目的预算，并确保将资金分配到每个工作任务。我们利用这次会议来确定赞助或非现金服务是否是有助于活动开展。之后，将此列表提供给在这些重要领域工作的团队成员，与信托的工作人员进行协调。志愿者和工作人员在获得社区支持方面都取得了巨大的成功。

活动策划人员在线下与信托公司的公共事务部门会面，以同步活动日程安排，获得影像和营销的支持。策划人员还会见了组织的邮递部，以协调我们预期的邮寄日期。我们所做的这个里程碑式的计划在这两种讨论中都是非常有益的，因为它协助评估和沟通那些日期延迟情况对事件的影响。

在这一点上，随着我们的进度、预算和资源分配的顺利进行，团队将注意力转向了风险识别和分析：过去发生了哪些错误，这一次可能会出什么问题，如果真的发生了，我们又该如何减轻或应对？我们的活动安排在每年的哪个时候，恶劣的天气将是一个要考虑的确定的风险。我们首选的缓解方案是确保一个替代的日期，并让购买票的人知道那个日期。另一个风险是缺乏足够数量的活动日志愿者。我们通过为那些志愿者提供补偿性的活动，以及安排我们的场地供应商员工来作为补充人员，降低可能存在的风险。

然而，我们面临的最大风险是参与活动人数不足。我们试图通过将注意力集中在事件的营销活动上来降低这种风险的发生。我的副手成功地利用了她的专业人脉，找到了一些可预期的参与者，其中包括几家受欢迎的餐厅，提供一些知名的餐前点心。该基金会提供的一份真诚的、感人的案例研究报告在营销材料中别具特色，并在活动发言环节进行展示。当地的一位赞助商提供了一件特别诱人的珠宝，在活动中抽签出售。我们还获得了大量的商品和服务，使我们能够继续提供热门的现场无声拍卖，为整体活动添彩。

由于开展前期计划和对潜在问题的积极应对，当年的这项活动收益颇丰，纰漏很少。使用管理实践，如会议议程和会议纪要；利用会议时间来处理与状态报告不同的问题以及对团队成员的责任委托，都是延续到今天仍在使用的一些有效方法。

# 小结

花时间充分思考项目所需的活动和投入、可用的资源、如何沟通以及风险发生时项目团队的反应，这些都是项目成功的关键因素。然而，有时项目团队屡次在不考虑这些因素（通常暗含了利益相关者的诉求）的情况下就匆忙开始。对于项目经理和项目发起人来说，重要的是要坚持为团队争取必要的计划时间，并确保在项目开始前就确定和清楚项目细节。

# 第 7 章

# 成为一个高效务实运营的非营利组织

随着 20 世纪末互联网及其相关技术的出现和逐步应用，我们正在真正接近一个一体化的全球社会和全球经济环境，或者像托马斯·弗里德曼所说的那样，"一个扁平的世界"。这一转变对企业如何与非营利组织互动和互助产生了影响。随着企业和个人意识到这种充满活力的全球环境对经济的影响，多年的承诺在不断淡化。因此，非营利组织的董事会和管理人员需要准备好应对工具和技术，例如高效务实项目管理。

此外，越来越多的人认识到，如今的行业工作者，包括那些支持非营利组织的人，都是知识分子，他们有一种赋权感，需要参与到影响他们的工作和他们的志愿活动的决策中去。他们希望自己的管理部门处于领导地位，制定愿景，建立简单的规则，并让团队根据需要调整自己，以实现这一愿景。

## 高效务实是什么意思？

现在，人们已经写了很多行业对高效务实运营的需求，尤其是战略差异，比如建设新的医疗设施或新的宿舍项目。然而，对于高效务实这个术语的含义，我们并不清楚他们是否有着真正的理解和欣赏。让一些经理感到沮丧的是，高效务实并不意味着没有管理或没有文档。相反，它指的是快速调

> 📖 **术语**
>
> 战略区分器是那些在结果上把非营利区分出来的项目，比如在卫生保健系统建立一个发展癌症中心的筹资活动。

整和响应不断变化的业务需求的能力。这意味着在失去赞助者的兴趣或承诺之前实现目标，在当地和全球层面对即时需求做出反应。这意味着"用较少的资源做更多的事"，以及"更快地实现它"，无论"它"是什么。

高效务实项目管理反映了应用足够的项目管理实践来确保项目的业务目标得以实现的能力。这通常转化为做足够的计划确保预算充足，识别可能发生的风险和当风险发生时团队将会做什么反应，明确谁有做出哪些方面决策的权力，并知道关于这个项目的信息，特别是将要沟通的项目状态。

高效务实项目管理并不适合没有经验的项目经理，但是一旦上手，你会发现你可以更加高效地管理每一个项目。它依赖于项目经理审视个人能力，在需要时快速做出决定，以及知道什么时候让团队决策，什么时候团队需要特定的方向。高效务实项目管理更多的是关于积极的领导，而不是官僚管理。

# 了解动态和变化

项目发起人通常不会深入挖掘一个重要的问题——也就是说，他们没有区分出"想要"和"需要"之间的区别。只有在项目开始后，发起人才开始意识到组织真正需要的东西可能并不是他们所要求的。这就是为什么你需要一种方法来进行项目管理，让你能够处理变化的现实问题。你需要能够将最终的、长期的目标（也就是变更的目标）分解成一系列短期目标（不太可能改变），在整个项目生命周期中融入观察和学习行为。

通过应用高效务实项目管理，你可以在整个项目生命周期中积极地与你的发起人一起工作。你可以通过使用迭代的方法来管理项目，甚至重新给项目定向，这是一种处理所遇到的不确定问题的方法。你需要使用高效务实的技术来弥补你已经使用的传统项目管理实践（表 7.1）。

表 7.1　高效务实项目管理的关键概念

- 积极领导
- 项目发起人与项目团队之间的密切沟通
- 在项目开始的时候，规划所需时间减少
- 更小的团队和更有技能的团队成员
- 延迟决策
- 消除浪费
- 综合素质活动

注：高效务实的非营利组织展示了在管理项目时快速调整和响应不断变化的业务需求的能力。

# 应用基本且通用务实的实践

高效务实项目管理是共享项目愿景，影响、激励和促使其他人获得成功。作为项目经理，你在实践中所做出的贡献，更类似于团队领导者或推动者而不是经理。随着对团队的重视（包括项目的客户），你的角色变成"障碍清除"者，而自我管理团队则生成必要的信息来推动项目向前发展，并根据这些信息做出决策。

有许多技术可以用来帮助你的项目团队实现高效运作。表 7.2 突出显示了我在与一个由工作人员和志愿者组成的团队合作时发现的一些实际问题。

高效务实的项目管理需要更多的引导，更少的独断。哈佛商学院的《每周时事通讯》上发表的一篇文章中，玛姬·斯达威斯观察到，"流动项目团队"在当今的企业中是有市场的。她指出："在 21 世纪的劳动力大军中，先计划再执行的稳定团队越来越不可行。"她进一步指出，人们越来越需要强有力的人际交往过程，使个人能够迅速地聚集在一起，在不断减少的时间框架内完成一个共同的目标。

表 7.2　高效务实管理项目的技术

| 使用敏捷管理项目的技术 | |
|---|---|
| 技术 | 描述 |
| 项目公告板 | 在所有团队成员都可以访问的位置建立一个公告板，用于发布状态报告、会议记录和其他信息。<br>如果不能用实体公告板，考虑建立一个网络平台站点或类似的存储库，明确一些志愿者可能没有机会看到实体公告板。 |
| 日常站立会议 | 在接近关键的可交付日期时，这些尤其有用。研究表明，如果与会人员站立开会，并且只有那些需要介绍新信息的参与者发言，参会者会更认真，会议进程也会加快。<br>如果可能的话，在你的项目公告板前举行这些会议，这样你就可以手动更新状态报告。如果志愿者是会议的一部分参与者，那么就添加一个电话会议功能，这样他们就可以参加会议了。会议结束后，删除已标记的状态报告，并生成一个反映会议内容的新报告，以便非与会者能够阅读了解所发生的事情。 |
| 可重复的模板 | 为你的项目团队提供希望定期收到的信息的模板，例如状态报告和经验教训报告。这将使你更容易更新信息。 |
| 项目簿 | 将所有的项目信息放在一个项目簿中，在不能调用电子信息时使用。另外，当下一次有类似的项目时也可以浏览参考。<br>在项目簿的一个夹子中放入项目管理计划，包含最新的进度、风险日志和预算报告，然后在另一个单独的活页夹放入所有重要的项目通信和电子邮件的副本，特别是那些记录决策、承诺或授权的文档。这些活页夹陪伴我度过了我参与的所有项目会议。如果活页夹太厚了，我就会使用第三个活页夹，只包含上个月的工作沟通内容。 |

注：一些项目管理技术可以帮助你更加高效务实。

　　高效务实项目管理的一个典型案例是志愿者对飓风桑迪带来的救灾需求的响应。这些响应团队没有时间进行详细的计划、角色定义或预算研究。他们需要快速决定谁可以做什么，什么时候做，然后去做回应。小团队被部署到各个社区，每个社区都有一个单独的任务，并预期快速完成当前任务，另一个团队将在稍后的时间处理进一步的重建行动。

　　与此同时，最初的反应小组需要建立沟通渠道，使公众，包括新闻记者，知道需要解决哪些问题，搁置哪些问题，以及如何提供援助。许多这样的组织很快就利用社交媒体和智能手机进行交流。

　　在与救援工作相关的活动中，需要考虑的安全措施都被迅速确定并纳入了应对措施——建筑检查人员、消防人员和其他安全官员与救援人员并肩工作，确保安全方面的问题得到解决。

与飓风"桑迪"的救灾努力形成对比，2010年海地地震后的救灾工作在多年后仍然非常不完备。这些救援工作采用了一种不那么高效的管理方法，反映出了多国协作的复杂性。

# 小结

当今世界变化更加频繁、迅速。非营利组织必须能够快速地适应这种变化以实现自身的使命。无论是快速应对危机，还是为意外做好准备，高效务实的非营利组织只要开展足够的项目管理技术实践工作，就可以确保项目目标的完成。

# 第 8 章

## 高级项目经理

项目管理实践经验丰富的人都认为，项目经理是影响项目目标完成的最重要的因素。项目经理的任务是制订计划、安排日程和协调完成项目目标所需要的日常任务。在某些情况下，项目经理对项目执行人员有直接的管理权限，但是更多情况下，他必须依赖其他部门的人员或志愿者的工作来实现项目的成功。这就需要领导技能。

正如我在前几章中所阐述的，项目管理是一种独特的职业，需要技能和必要知识，因此它不适合所有人。许多人会尝试项目管理，有人成功，也有人失败。通常通过一些组织管理能力评估，确定谁有能力在项目经理选拔中脱颖而出。这些评估通常会围绕三个核心领域进行：知识、潜力和行为。

项目经理需要具备一些基本的技能和个人素质，以便在管理项目中获得持续的成功。你可能已经具备了这些技能和素质。如果是这样的话，你从一开始就会是一个优秀的项目经理。如果不是，你就需要努力学习这些技能，培养这些品质，这样你就能在将来成为一个优秀的项目经理。毕竟，你的一些项目可能对实现你的非营利组织的目标至关重要，甚至可能拯救生命。

# 做一个活跃的领袖

主动积极的领导能力是所有优秀的项目经理最重要的能力。毕竟，项目经理经常负责同时监督多个项目，指派任务给予他们没有直接上下级关系的员工，并与他们一起完成多个不同的目标。领导力大师们谈论的是两种领导力：被动的和主动积极的，最好的项目经理展示的是后者（表 8.1）。

被动的领导者允许他们的团队成员独立完成工作，并且很少对员工需要完成的活动提供指导。他们总是被动反应，等着被要求提供帮助或解决问题。有时，这种犹豫可能与希望团队成员自己解决问题有关，有时可能与不确定性有关，比如项目如何继续进行。在其他时候，他可能也不想得罪某人，想要对每个与该项目相关的人"友好"。

主动积极的领导者则表现出一种负责任的态度，愿意与项目团队合作解决问题，接受挑战，并监督活动完成，即使这意味着打乱计划。你需要成为一个积极的领导者。

作为一个积极的领导者，你需要和你的团队充分合作。你必须愿意直面难题，并解决它，在解决问题的时候要积极主动。积极的领导者是路障的移除者——看到他们的团队正在接近障碍的人，他们会采取行动，确保在他们的团队到达的时候，路障已经不存在了。作为一个积极的领导者，你需要两双眼睛——一双专注于每一个项目的发展前景，另一双专注于你领导的团队。

作为一个积极的领导者，你每天都会带领你的项目团队积极工作。在适当的时候，你将回顾项目计划，预见所需的活动并发起这些活动。你将鼓励团队成员完成所需的项目工作，从而保持你执行与决策、沟通、风险管理和监督项目预算等关键活动的能力，同时可以随时为团队成员提供帮助。

这种项目领导能力在学校里是学不到的。相反，它是随着时间的推移而积累的，通过之前的工作经验，以及正式的意识培训和指导。当被问及那些在脑海中脱颖而出的领导人时，许多人都提到了以前的军官们，他们认识到这些人在他们的军事生涯中受到的训练和积累的经验使他们成为了卓有成效的领导者。

**表 8.1　优秀项目经理的技能和属性**

| 项目经理需要这样做： | |
| --- | --- |
| ■ 做一个活跃的领导人 | ■ 精通技术 |
| ■ 高效 | ■ 注重效果 |
| ■ 善于沟通 | ■ 聪明 |
| ■ 果断 | ■ 自信 |
| ■ 诚实 | ■ 项目管理技术熟练 |

注：要在项目管理中始终保持成功，项目经理需要的基本技能和属性。

# 提高效率

**✓ 快速提示**

如果你的团队主要是志愿者，那么在早上安排会议是不明智的。

你需要提高效率。优秀的项目经理是最终的决策者，能够在需要的时候改变任务方向。他们非常努力地确保项目团队能够有效地完成工作，在预算内按时交付项目，且不牺牲质量。他们鼓励项目团队采取尽可能少的步骤来完成工作。同时遵循最简单的方法、标准、过程和模板，将这些工具的应用程序与项目的需求和风险预测结合起来。如果有一个公司授权的任务，对于项目的成功似乎没有帮助，那么优秀的项目经理就会巧妙地质疑，并试图沟通规避这一任务，而不是盲目地坚持去完成。

除了效率，项目经理还需要好的排序、时间管理和组织技能。优秀的项目经理知道该做什么，什么时候做，以什么顺序完成。他们知道哪些会议对项目的成功至关重要，哪些会议是不必要的。他们能有效地处理收到的建议，而不是受其牵制。作为一个优秀的项目经理，你将了解你的活力周期和团队的活力周期，在计划工作日和工作周时作为参考，并相应地安排活动。

# 成为一个好的沟通者

要成为一个优秀的项目经理，你需要有有效的沟通技巧，以便清晰地委派任务，并向你的项目团队提供指导。因为你将成为你的项目团队和主管之间的联络人，具备良好的沟通技巧将是至关重要的。在当今即时消息、电子邮件和推特盛行的时代，要明确地认识到你不可能轻松地撤回你发送的信息。我学到的一课就是使用草稿箱。当我写完一条信息，无论是电子邮件还是即时消息，我都保存几个小时。然后，在我发送它之前，我再用一个全新的视角来阅读它，以确保它能以一种清晰而简明的方式表达我的意思，并且没有歧义。同时，还会检查一遍是否有拼写或语法错误。

记住，沟通技巧包括倾听技巧。当你因另一件事分心时，如果有人正试图与你讨论某事，那就不要犹豫，表示出"现在不是交谈的好时机"。然后，在你有空的时候约个时间和他谈。我发现在接电话前做三次深呼吸是很有帮助的，可以清醒头脑，同时在接电话的时候要保持"微笑"的表情。你需要知道什么时候该说话，什么时候该倾听，以及如何以一种冷静和专业的方式来解决问题和冲突。

# 果断成事

作为一个项目经理，你每天都会被要求快速做出重要的决定来保持你的项目顺利发展。你可能没有时间去研究所有的选择，或者去探索所有风险。因此，为了做出重要的决定，你需要锻炼批判性思维能力——也就是说，要以一种清晰、理性、开放和有理有据的方式来思考决定。很多时候，你需要相信过去类似的经历，或者在做决定前向他人征求意见。不管怎样，做决定的是你自己，你要毫不犹豫地掌控所有权并做出决定。

# 要诚实

项目经理是整个项目团队的榜样。因此，在整个项目团队中，你必须诚实并保持良好品德，以向整个团队灌输自信、自豪、忠诚和信任的理念。不要犹豫，及时与你的项目团队共享信息。对他们来说，从你那里听到消息，不管是好是坏，都比从任何小道消息或非正式的交流中听到要好。作为一名志愿者，我最糟糕的经历之一就是在报纸上的一篇文章中得知，我正在参与筹备的会议被取消了。我们的项目经理一直在试图安排一个小组会议来通知我们，但是与此同时，项目发起人与当地的一名记者分享了这则消息。

同样，鼓励项目团队成员之间的公开和诚实的互动。相信他们对彼此的行为和他们所面临的问题都是诚实的。授权你的团队直接与他人沟通，及时汇报给你结果和决定。不要所有业务邮件都抄送你，那会传递出不信任的信息。确定哪些沟通是重要的，哪些决定是至关重要的，只要求参与到这些事情中去。通过建立一种促进诚实和可信赖的项目管理文化，你的组织将会高效运作，降低风险和成本，并提高收益。

# 要技术过硬

在当今快速发展、技术驱动的全球非营利性的环境中，协作的工具是必要的，这可以将不同地区、时区的项目团队聚集在一起。你需要能够通过高效使用项目管理工具来构建高绩效的项目团队，如微软项目管理软件（MicroSoft Project）或专案管理（Project Central）；文档共享工具，如微软协同办公平台（SharePoint）；电子邮件和日历工具，如微软个人邮件及资讯管理软件（Microsoft Outlook）；像学生在线写作平台（Wiggio）这样的虚拟会议工具；以及推特和脸书等社交工具。我们将在第9章详细讨论这些工具。适当使用这些工具，将与管理项目相关的工作最小化——不论是项目通信、计划或预算相关的工作，从而确保项目的高效务实。

如果你对某个特定的工具或技术不熟悉，请询问你的团队成员是否有过使用该工具的经验，他们是否愿意与团队分享这些知识。如果没有人会，你可以向该组织的技术部门寻求帮助。如果你仍然找不到人，那么可以要求组织的志愿者经理在所有志愿者中寻找，看看是否有志愿者会使用。如果所有的方法都失败了，那就找一个当地的培训伙伴，他们可能愿意为组织提供培训作为非现金服务，受培训对象包括你。

# 重结果

正在进行的行为研究表明，抱负是实现商业目标的一个重要因素。但你必须小心，别让你的野心使你变得无情或自私。你必须用你的决心去推动实现整个组织的目标，而不是为了你个人的利益。一个以结果为中心的项目经理在做决策时要牢记整个项目的目标。在为项目做决策时，确保你的决策是对项目性能最优的，而不是为了某个特定的发起人、捐赠者或团队成员的利益。这可能很难，例如一个捐助者提供了他的餐馆作为活动开展场地，但是你知道餐馆不是一个理想的场所，这将会降低整体的门票销售。你需要确定，在回复这个提议之前，使用这家餐厅的经济效益是否超过了门票收入的损失。

# 聪明

作为一个优秀的项目经理，你需要具备很强的分析能力，以便能够掌握

> **✓ 快速提示**
>
> 如果可能的话，在非营利组织的现场举行你的团队会议，这样团队成员就可以获得非营利组织的归属感。安排团队参观工厂。考虑在你的一些会议上邀请一位演讲嘉宾，他会从这个项目的成果中受益。

项目的状态和所要求的变更的含义。你还要有良好的判断力和战略思维能力，才能在不确定的情况下做出明智的决定。这些品质对于项目管理比智商更重要。此外，优秀的项目经理承认他们知识的局限性，并且知道他们的组织中谁拥有所需的知识。

对于项目经理来说，了解所支持特定的非营利组织是非常有用的。如果你接手一个步行马拉松，为食物赈济处筹款，你的第一手有关食品赈济处运作的知识将使你更好地和潜在志愿者沟通项目的目标，激励赞助商捐赠，让你的项目团队的热情更高。如果需要改变项目方向，一定要向你的成员解释改变的原因。鼓励他们提问题，如果你没有答案，那么就坦率地说出来，然后及时寻找和分享答案。

# 有信心

那些对自己的决策有信心的项目经理最有可能成功。他们认为，项目成果是他们的决定和行动的结果，而不是运气、命运或机遇。

作为一个自信的领导者，你必须对你的项目团队能力有信心，并且公开表达你的信心。把你自己看作团队的教练，鼓舞他们实现项目的目标。与他们一起庆祝里程碑的实现。支持你的团队成员，在需要的时候提供帮助，表达你对他们的能力认可的信心。当外界质疑他们的能力时，你要支持他们。如果你有疑问，可以与项目外部的同行分享，并在保密的基础上征求意见。永远不要让你的团队听到你对他们实现里程碑或项目目标的能力表示怀疑。

## 要熟练技术项目管理

即使有了对的人和专业属性，你也需要了解项目管理的语言和概念才能成功。优秀的项目经理在调整结构化的项目管理方法和过程以适应项目需求方面表现出高度的专业素养。他们知道项目风险评估的价值，分得清何时让整个项目团队参与到这样的评审中，什么时候只需少数团队代表参加。他们了解如何利用通信矩阵这一方式来确保涉众被告知项目活动和状态，而不需要这些通信成为自己的又一个项目。最重要的是，优秀的项目经理知道什么时候项目容易失控，什么时候需要寻求帮助。

## 小结

一个成功的项目经理需要具备哪些特征？你和你的经理如何确定项目经理的角色是否适合你？

优秀的项目经理不一定是项目团队的技术明星。相反，他们是促使团队齐心协力和实现项目目标的领袖。他／她拥有特定的角色属性和领导能力，这是一般的项目经理和真正优秀的管理者的区别。

# 第 9 章

# 非营利项目中的技术应用

让我们面对现实吧——技术应用无处不在。几乎每个家庭都至少有一台电脑和一部手机。脸书、推特和领英等社交媒体的使用已经成为商业领域的家常便饭。许多 50 岁以下的人打电话和发短信的频率几乎是一样的。电子邮件和在线交易的使用对传统邮件产生了巨大影响，美国邮政服务的邮件处理数量急剧下降。

## 社交媒体和非营利组织

这种新平台为你的非营利组织提供了一个额外的工具来规划和管理项目。事实上，技术可以支撑你开展前所未有的活动。例如，非营利组织关爱网，开始只是创建了一个脸书个人账号，该页面旨在为 2012 年飓风桑迪的受害者提供帮助。创建者收到了非常积极的回应，于是她建立了一个虚拟的非营利组织，帮助社会人士为受害者提供免税捐款。

其他非营利组织已经建立了脸书页面和领英群组，以支持项目团队协作和增强公众参与意识。许多医院在脸书上都有社区页面，提升社区对医院事件的认识，并传播诸如如何应对流感疫情等有关健康的信息。

在项目团队中使用社交媒体进行沟通，与项目的涉众以及整个社区进行互动，这是由团队和项目发起人考虑并决定的事情。例如，一个项目团队在"生命的接力"项目中使用脸书来作为信息沟通媒介。在确定所有团队成员都使用脸书后，团队队长为她的团队建立了一个小组页面。之后，用这个页面开展内部进行交流。团队中的每个成员都可以在团队页面上发布消息，让所有团队成员阅读。他们还可以向特定的团队成员发送私人消息。该团队的队长可以在脸书页面上接收附加的文件阅读状态报告。这个项目的通信历史是在脸书页面完成的——这一页面可以打印出来存档。

如果团队确定使用脸书、推特或领英社交网络是有益的，那么他们就需要考虑共享信息的安全性，并确保他们的通信得到充分的保护。所有这些工具，以及其他的社交媒体工具，都包含许多安全特性，例如封闭小组，允许项目经理限制对站点及其内容的访问。

请查看表 9.1，了解如何使用社交媒体与你的志愿者进行交流，并管理你的项目。

**表 9.1　非营利组织的社交媒体策略**

**博客**

具有与多人交流的方式；可以为你的团队单独设置访问权限。

- 用作项目笔记或共享项目日志；存储你的项目文档。
- 保证团队成员掌握重要信息的更新，例如延迟、变更请求、额外的资金或期限变更。
- 识别并奖励优秀团队成员。
- 与潜在的捐赠者和志愿者进行交流，提示他们在社区中所扮演的重要角色。
- 讲故事，和你的社区建立情感联系。

**推特**

使用与多人接触的简易联系方式——对快速更新信息有好处。

- 帮助建立你的团队，保持联系，协调团队活动。
- 让你的利益相关者了解项目状态。
- 用于你的社会公益广告活动。

- 直接报告志愿者活动中令人激动的事件。
- 将推特网络页面链接到你的捐赠登录页面（一定要让你的粉丝知道他们的捐赠产生的影响）。

### 领英

用于构建社区；可以限制对你的团队的访问（领英组群）。

- 用于支持项目团队成员之间的协作。
- 其他项目经理和非营利性的专业人员联系，以获得帮助。
- 在领英的事件页面上发布和分享关于你的事件的信息。
- 建立一个公司领英账户页面——发布更新状态，分享新闻，寻找志愿者，并与你的支持者保持联系。
- 使用领英应用程序和团队空间来安排会议，创建任务，跟踪项目进度等。

### 脸书

最有效的是讲故事和邀请别人分享他们的故事；可以用脸书群组设置团队浏览权限。

- 使用脸书与你的虚拟团队建立更多的私人关系——更好地了解他们，他们对什么充满激情，长什么模样。
- 招募志愿者——让你的听众思考他们能做些什么。
- 让公众意识到你所面临的问题和挑战。
- 创建一个代表你的组织和品牌的脸书形象。
- 使用脸书群组分享、更改和跟踪文档，组织会议，进行在线群组聊天会话。

### 维基百科

对于与多人或团体共享信息最有用；任何人都可以贡献内容；可以限制团队的访问权限。

- 作为项目文档的一个可搜索的中央存储库——对于小型项目来说是理想的。
- 任何团队成员都可以查看、编辑或更新文档——这对于协作或头脑风暴非常重要。
- 维基页面是免费的，也是跟踪项目状态的好方法。
- 在你的社区中与利益相关者和其他人共享项目信息。
- 保存会议记录、计划议程和头脑风暴是开始使用维基的良好尝试。

续表

### 谷歌网站

用于创建特定项目的网站。

- 创建任务列表、问题列表、风险列表。
- 作为所有重要项目文档的中心存储库。
- 使用日历来确定可交付日期。
- 头脑风暴法。
- 确定需要做什么，谁将做什么，以及什么时候会交付。

### YouTube（油管）和品趣志（Pinterest）

使用这些视觉上吸引人的工具，主要用于视频、图片和图像。

- 使用你的活动的照片和视频来展示你的辛勤工作。
- 报名参加 YouTube 的非营利性项目——"呼叫－行动"可以帮助你招募志愿者，募集捐款，并鼓励你的社区成员采取行动。
- 与油管社区开展交流和互动——允许人们发布视频评论并对话。
- 在品趣志上创建与你的事业相关的图片和视频——捕捉组织的精华，建立一个潜在捐赠者和志愿者社区。
- 用品趣志来建立团队的同志情谊——发布项目、工作中的志愿者和项目成果的大量照片。

### 所有的社会媒体渠道

向你的听众传达关于你的组织、使命等信息，以及他们所能产生的影响。

- 邀请你的粉丝去参加你的活动，并在宣传他们成功的事件后发表文章。
- 让你的社区知道你在做什么（特别是在照片和视频上）——他们会发现你正在积极地为更大的利益做出贡献，并且与队友一起工作是很有趣的，他们甚至可以提供帮助。
- 分享关于招募志愿者的信息。
- 调查收集社区信息——他们是谁，他们的兴趣是什么，他们认为你应该做什么。
- 与利益相关者接触并鼓励他们采取更深入的行动。
- 鼓励利益相关方写下对你的组织的感受或问题，并与他人分享。
- 分享你的组织的历史——表明你一直在为社会做出贡献，并使你的组织变得个性化。
- 关注利益相关者对你的组织、你的问题或你的项目的评价，并利用这些信息来指导你的营销计划。

注：在非营利组织中使用社交媒体的方法。

## 移动的社会

除了考虑社交媒体如何帮助你的非营利组织实现目标之外，你还需要考虑"移动的社会"是如何融入你的世界的。如前所述，大多数家庭现在都有电脑和手机，许多人已经将智能手机和平板电脑作为通信设备使用。这些设备为你提供了丰富的平台传播信息，方便与你的志愿者和项目团队进行交流，如果需要的话，可以 24 小时进行。

这些额外的交流途径特别受"千禧一代"的欢迎。"千禧一代"在多媒体应用的环境中成长，他们非常推崇移动技术的变革，并且期望在他们的职业生涯和社会交往中应用。你需要以他们想要参与的方式来吸引这一代人。他们的注意力被播客和油管上的短视频吸引，而不是关注通过传统邮件发送的传单或印刷的资料。不要依赖老式的营销来与这个群体互动。你需要变得务实，不要让信息变得陈旧，或者失去时效。要简洁、灵活、积极主动——预见这一代人的需求。

## 小结

你的非营利组织需要认可许多新兴的沟通渠道，并且在筹款中制定应用新技术的战略。你需要为网上筹款的安全性制订计划，还需要利用新技术与你的社区群体互动，特别是潜在的对象或老志愿者。拥抱社交媒体和移动技术。但是请注意，在所有的筹款项目和志愿者管理中，制定使用这些技术的安全使用指南。

# 第 3 部分

## 基于项目的非营利组织
## 志愿者管理

# 第 10 章

## 志愿者管理

像正式员工一样，志愿者需要一定程度的指导和支持才能胜任工作，并对组织作出贡献。要取得这样的成果，需要你在招聘之前就行动起来；你需要考虑你的项目需要什么样的志愿者，什么时候需要他们，以及如何将他们整合到你现有的组织结构中。

## 确定需求的志愿者

在以项目为基础的非营利组织中，志愿者的管理工作开始于确定哪里有志愿者的需求，以及他们能在哪些方面发挥最大的作用。在第 6 章中，我介绍了工作分解图的概念，以及如何用来识别志愿者需求。图中的每个标识活动都代表要执行的工作，由工作人员或志愿者完成。你可以使用这个活动列表来确定志愿者的数量、需要的技能和时间。确保志愿者被分配到需要服务的工作中，并且这项工作能够发挥志愿者的个人技能。

为了完成这个目标，你首先应该进行岗位分析。检查工作分解图中的活动，将它们分解到相应岗位，做好岗位描述，就像部门经理在部门内开展新工作时所做的那样。志愿者岗位描述（表 10.1）应该类似于对雇员使用的岗位描述，并标有注意事项。

**表 10.1　志愿者职位描述**

---

**物流委员会主席的角色和职责**

**主要职责**

■ 从主席和／或员工伙伴那里接受培训／情况介绍。

■ 审核领导手册。

■ 在事件发生之前和之后，招募小组成员包括现场的志愿者。

■ 参加所有的委员会会议，除非是委员会主席同意可以不参加的。

■ 向委员会主席提供及时、准确的状态和预算报告。

■ 请求授权免费使用设施，并保管文书。

■ 安排所有的设施（桌子、椅子、平板车、帐篷等）。

■ 熟悉周围环境，包括后勤保障、医疗、委员会总部等。

■ 如有需要，安排洗手间和淋浴设施、音响系统和照明。

■ 安排急救站和设施，并招募必要的医务人员。

■ 建立水站。

■ 运输材料，并在活动当天搭建现场。

**一般职责**

■ 以愉快和专业的合作方式来实现所有的任务。

■ 在事件开展前期、中期和后期，都需要本人实际参与。

■ 如果不能出席委员会会议，就安排合适的代表。

■ 尊重所有的志愿者和工作人员。

■ 在 48 小时内回复所有询问和请求。

**岗位要求**

■ 注意细节。

■ 良好的判断力和决策能力。

■ 能够在压力下做出决定。

■ 良好的沟通能力。

■ 具有团队精神。

■ 能够参加每月的晚间委员会会议并承诺参加活动。

■ 预期的志愿服务期：2011 年 10 月至 2012 年 12 月。

---

　　首先，大多数州都有关于无薪人员使用的规定。制定这些志愿者职位的描述时应该咨询你的法律顾问以确保符合规定。例如，关于志愿者岗位的描述，你可以用"委员会角色和职责"替代"岗位描述"，这样就不会对志愿

者岗位产生歧义。我工作的一个非营利组织设计制定了这些委员会的角色，编写了责任文件，并通过一个志愿者常用网站分享给志愿者们，这样他们就不会错把志愿岗位当成正式就业岗位了。

> **📖 术语**
>
> 以项目为基础的非营利组织是通过项目运作的非营利组织。这些项目可能包括但不限于筹款活动、竞选活动、直邮、呼吁和捐赠表彰活动。

另一个需要注意的地方是志愿者要完成的活动类型和数量。同样，美国各州也有规定，要求限制志愿者工作的时间和他们可以服务的工作类型。你可以分配志愿者来填装信封，但你需要确保你没有使用志愿者来完成应该由受雇员工负责完成的工作并以此来逃避支付薪资。

每个志愿者岗位描述都应该包含与任务要求相关的明确叙述。如果你从过去的经验中知道，必须出席每月委员会会议，那么就在岗位描述中陈述。如果有人期望志愿者参加他们正在进行的活动，那么就说明这个要求，告诉志愿者是否有奖学金或助学金可以帮助他们获得费用。另一项需要明确的要求是，志愿者每天需要什么时间来工作。例如，支持寻求赞助或实物服务的志愿者应该明白，一些志愿活动需要在工作日完成。然而，我发现，对潜在的志愿者来说，信息并不总是清晰的，这可能会导致后续的问题。当志愿者被要求执行任务或参加他们不知道的会议时，他们会不高兴，项目也不会有需要的志愿者来支持。

在岗位描述中需要明确的另一个要求是，志愿者是否需要精通某项技术，如果是的话，要明确是哪种技术。正如我之前提到的，许多年轻的志愿者更喜欢发短信而不喜欢打电话，喜欢发电子邮件而不是写邮寄的信。然而，仍有一部分志愿者无法在家中上网或使用智能手机。如果需要这些通信工具来支持项目，那么就在岗位描述中说明。另外，确定组织是否可以在需要的情况下提供技术工具。

# 创建项目团队的组织结构

除了确定招募人员的岗位，还需要考虑委员会或项目团队是如何组织的。项目团队或志愿委员会要求分工明确以确保所需的工作在确定的预算和时间表内执行，并让赞助者得到进展信息。组织结构的使用也确保避免重复工作。建立一个委员会结构对于委员会内部的协同效应和报告同样有益。当你回顾已经开发的岗位描述时，请考虑不同的角色是如何相互依赖并相互作用的。密切的互动能表明建立一个小组委员会是有益的。

许多组织默认一个非常宽泛的结构，所有的志愿者直接向项目经理报告。虽然这可能是出于全局控制目的，但架构常常变得臃肿，特别是你是一个有其他职责的工作人员。我参与过的较为成功的项目，包括一个由 3000 名与会者组成的志愿者管理的国际会议，选择了一个不同的结构。我把这种结构称为"卫星组织"。图 10.1 描述了这个结构，其中有一个核心委员会，直接向项目经理报告，由小组委员会支持负责的关键领域。每一个小组委员会都有一个规章，以规定小组委员会的职责和自主权。核心小组的每一个成员都是小组委员会的主席，在各自的职责范围内开展活动。他们召开自己的委员会会议，在职权范围内处理细节问题。小组委员会主席向核心委员会报告会影响预算、时间表或整体主题的任务，并更新小组委员会工作的状态。

理想的结构是：

■ 处理大型委员会可能出现的后勤挑战。

■ 为志愿者提供成为领导者的机会。

■ 使项目经理能够真正专注于整个项目。

如果参与项目的志愿者人数超过五个人，我强烈推荐这种结构。

除了要考虑委员会组织之外，你或委员会主席必须明确你要向谁汇报。是给员工，还是直接给项目发起人（通常是董事会成员）汇报？这种交互发生频率，以及何种形式？在第 6 章中，我讨论了开发项目的交流沟通计划。

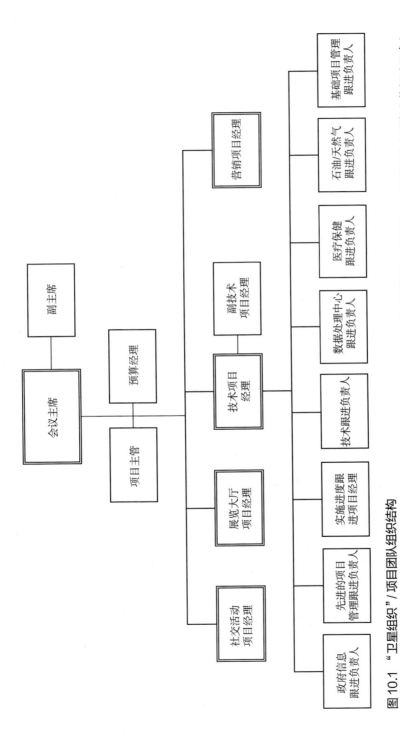

**图10.1 "卫星组织"/项目团队组织结构**

注：这个核心小组的每一个成员都是小组委员会的负责人，他们负责在具体职责范围内开展活动。如果项目的志愿者人数超过五或六人，我推荐这种结构。

该计划的其中一项内容应该解决委员会主席和向这个主席汇报的人之间的互动问题。

## 组建你的项目团队

现在你建立了组织结构，并且知道要向谁报告，你可以开始招聘来填补志愿者岗位，特别是那些在项目计划初期就需要的人。这是非常重要的一项任务，第 12 章阐述这个主题。要记住的一个关键点是，你需要用招聘员工的纪律来要求志愿者。你信任这些志愿者，他们是否能成功完成工作对你的组织很重要。他们会向公众展示你的组织，被委托保护你的形象和执行预算。

抵制只从一家公司或依靠一群朋友关系招聘的诱惑。你的志愿者尽量来自不同单位，以避免依赖于某个特定的群体或公司。在不同的项目中使用不同的志愿者。如果你用同一批志愿者来开展一个特殊事件或请愿活动，那么一段时间后你会发现志愿者会出现倦怠，这对整个活动会产生非常消极的影响。虽然持续做某事确实有好处（捐助者知道会发生什么），你还需要认识到，经济和社会的变化可能影响你的项目或管理的方式，那么你需要做出相应的改变，这将有利于你的组织发展。有时候，一双新的眼睛，或者有着不同背景的人，可以帮助你完成这些变化。

## 为人员流动做好计划

事实是，在你的志愿者身上将会发生一些意外情况，一些人将无法与你一起完成整个项目。当你发展你的团队的章程和结构时，应包括所有关键岗位的替代者——这些人应该准备在必要的时候介入。邀请他们参加委员会会议。

有时你会被安排劝说某位志愿者离开项目的工作——有时是因为志愿者

的不作为，有时是为了解决冲突。同样，你需要有一个备份计划可以随时执行，这样项目就不会受到负面影响。当你要求一名志愿者离开你的项目时，告知委员会的其他成员时你需要对他或她的隐私保持敏感。最好的说法是，"因为各种原因"这个志愿者不能够继续参与项目。

## 监测志愿者的表现

你希望志愿者在执行任务的时候表现优异，因为这一项重要的任务对完成项目的目标很重要。他们同样期望能够表现突出，充满成就感，做出有意义的贡献。这要求你和志愿者都明确他们期望的表现是什么。重要的是，在志愿者岗位描述中将这些期望记录下来，并以可度量的方式表达出来。当招募志愿者时，向志愿者提供任务描述，并给他或她时间去了解；志愿者必须明确他们的工作预期，并愿意为此而努力。然后，你应该和志愿者一起核实岗位描述，以确保他或她理解并接受。

你还需要考虑如何监测志愿者的表现，以便你能够快速处理问题。要求定期的状态报告，进行一对一的面谈——使用监测雇员的技术来监测志愿者——这是恰当的。如果一名志愿者正在为一项任务苦苦挣扎，无法在指定时间完成，或者缺少一些关键的技能，那么在你决定需要替换志愿者之前，考虑一下你应该如何帮助那个志愿者——也许是让另一个志愿者和他一起工作。

同样重要的是，你要意识到这是志愿者，这个任务不是他们的首要任务。所以有时你需要宽容和灵活处事。如果丢失了一份状态报告，或者赞助调查没有按计划进行，但是你知道这些事情会完成，项目的更大目标不会受到影响，那么记住你是在与志愿者打交道，不要再计较任何东西。

# 应对表现不佳的志愿者

也就是说，你要对组织负责，确保项目顺利完成，并满足设定的目标。这意味着，有时你需要换掉一个有破坏性的或不合适的志愿者。用解雇员工的方式来解除与志愿者的关系，解释不再合作的原因，并提供其他与他／她的能力或个性相符的志愿者机会。如前所述，当这种情况发生时，你需要对志愿者的隐私保密，谨慎地与委员会的其他成员分享离职消息。

# 小结

与承担项目工作的志愿者进行适当的接触对项目的成功至关重要。该组织依靠志愿者协助员工完成项目的目标，同时依靠项目经理确保参与项目的志愿者正常工作。项目经理需要承担凝聚志愿者的责任并与之一起工作，这样项目的执行不仅对组织来说是一种有助益的过程，而且对志愿者也是一种积极的体验。这需要确保合适的志愿者在适当的时间被分配到合适的任务，以及适度的吸引力和员工的指导。

# 第 11 章

## 招募和留住可信赖的志愿者

正如前一章所述，招募和留住优秀的志愿者对许多非营利组织的整体成功至关重要。然而，在一些大型的医疗体系和国家组织之外，很少有非营利组织能够建立人力资源部门来监督志愿者的工作，以及考虑如何招募、分配和管理志愿者。相反，这些工作留给了运营管理人员，而他们的工作需要志愿者的支持。

## 招募最好的

当没有志愿者招募部门来协助招聘时，优秀的项目经理将从他们过去合作过的志愿者中挑选。但如果你是一个新的项目经理，可能没有一个可以招揽志愿者的花名册。你可以采用的一个策略是浏览过去所有志愿者的简历。如果这个存储库是电子化的，你可以在简历中搜索你想寻找的角色描述的关键词。询问那些对你的组织有兴趣的人，他们会给你发送一份"志愿者简历"，重点是他们过去完成的志愿工作，以及他们的专业。或者让他们填写一份志愿者信息表格（表 11.1）。

一旦你有了潜在志愿者的信息，你需要将你的岗位描述与他们的简历或信息匹配，并根据你的具体岗位需求创建一份有技能的候选人名单。利用志

表 11.1　志愿者信息表格

| 志愿者信息表 | （第1页／共2页） |
|---|---|

日期：＿＿＿＿＿＿＿＿＿＿

姓名：＿＿＿＿＿＿＿＿＿＿＿＿＿＿＿＿＿＿＿＿＿＿＿＿＿

　　　　　　姓　　　　　　　　　名　　　　　　　　中间名

地址：＿＿＿＿＿＿＿＿＿＿＿＿＿＿＿＿＿＿＿＿＿＿＿＿＿

　　　　　　街道　　　　　　　城市　　　　　　邮编

家庭电话：＿＿＿＿＿＿＿＿＿＿＿　紧急联系人：＿＿＿＿＿＿＿＿＿

手机：＿＿＿＿＿＿＿＿＿＿＿＿＿　姓名：＿＿＿＿＿＿＿＿＿＿＿

办公电话：＿＿＿＿＿＿＿＿＿＿＿　电话：＿＿＿＿＿＿＿＿＿＿＿

公司：＿＿＿＿＿＿＿＿＿＿＿＿＿　与申请人关系：＿＿＿＿＿＿＿

职位：＿＿＿＿＿＿＿＿＿＿＿＿＿＿＿＿＿＿＿＿＿＿＿＿＿

邮件地址：＿＿＿＿＿＿＿＿＿＿＿＿＿＿＿＿＿＿＿＿＿＿＿

联系你的首选方法：□家庭电话　□手机　□电子邮件
（只选一项）

可以在工作时间联系你吗？　□可以　□不可以

技能（可多选）：

□办公软件　□项目管理　□平面设计

□新闻工作　□创意写作　□商务写作

□基础木工　□会议策划　□电话技能

□驾照　　□财务／预算

请列出其他技能：


请确定参与项目团队会议的时间；不方便参会的时间段（例如下午六点半后，星期天）

白天：＿＿＿＿＿＿＿　夜间：＿＿＿＿＿＿＿　周末：＿＿＿＿＿＿＿

本表格所载的内容均属保密性质，除用于志愿服务工作分配参考外，不得分享。

| 志愿者信息表 | （第2页/共2页） |
| --- | --- |

姓名：_____　　日期：_____

请简述你参加本组织的志愿经历：

你参加过其他组织的志愿服务吗？如果有，请描述你在其中的任务。

你为什么选择了我们组织进行志愿服务？请列出你希望在组织活动中培养的技能。

签名：_____　　日期：_____

本表格所载的内容均属保密性质，除用于志愿服务工作分配参考外，不得对外传播。

愿者服务机会认识这些候选人，与他们分享职位岗位。确保他们明确应有的承诺，包括对时间的安排，是否能够完成工作并参加会议。如果他们需要购买活动的门票，或者为支持某一活动而捐赠，请确保对此沟通。并不是所有潜在的委员会志愿者都能"付费参与"。

当招募志愿者时，了解一个候选人能给你的组织带来什么是很重要的。回顾和讨论他们的简历会让你了解他们的背景和经历。例如，如果他们曾经在零售业环境中志愿服务，他们可能会具备良好的设计能力，最适合归属于设计装饰委员会。或者如果他们做过财务岗位工作，也许他们可以负责处理跟踪和报告项目的预算。你还应该和候选人一起探讨他们喜欢做什么。也许他们想做一些事情，让他们有机会发挥创造力，或者应用一些新获得的技能。重要的是要进行讨论，了解候选人的动机和技能。

## 建立领导机制

如果你不是这个项目的委员会主席和项目经理，你需要特别注意委员会主席和副主席的人员配置。这些志愿者需要优秀的沟通和交流技巧。他们应该展现出管理预算和解决冲突的经验。这些人将是你的项目经理和副经理。面试——如果需要的话，可以多次面试——以确保你指派的人能够完成工作，而不会疏远其他的志愿者或者成为项目的殉道者。首先招募这些岗位的志愿者，然后让那些志愿者招募其他志愿者。

## 混搭使用志愿者

考虑在项目团队中混搭使用志愿者。不要让团队成员产生派系——否则你会失去对项目的掌控。此外，由不同背景和经验的个人组成的项目团队将为你的项目带来多样性。你最不想让参与者在收到申诉或邀请时说："哦！

和我去年参与的项目看起来是一样的，还是不参加了。"招募未参与过的志愿者，支持你项目的新志愿者将带来新的想法，从而促使每年的活动对潜在的与会者都是新鲜和有吸引力的。

## 寻找未来的董事会成员

当你和你的志愿者一起工作时，考虑一下你将来如何与他们沟通。一些志愿者正在寻找在你的组织工作有意义的地方，而当前的任务可能只是"让我们看看这是如何工作的"。与支持你项目的志愿者进行讨论，了解他们加入项目团队的动机和原因。考虑一下你如何发挥他们在其他项目上积累的技能和知识——甚至可能在你的董事会工作中应用。你是在做志愿者的投资，要在未来的几年里留住志愿者。

## 让志愿者感到受欢迎

如果志愿者是组织的新员工，安排一次和他们的交流机会。提供文献资料，鼓励他们去探索组织的网站。你可能会考虑邀请新志愿者与他们合作的人见面，时间可以选在非正式的午餐时间或喝咖啡的时候。如果你已经有一个项目小组（委员会），应该邀请候选人参加下次会议，在志愿服务之前"亲身体验"委员会工作氛围。

在项目结束后，不要忽略与志愿者的联系。在没有任务的时候将他们继续与组织联系起来。邀请他们参加会议，让他们了解组织的活动，例如员工调整、晋升和整体的组织健康发展状况。在开展计划的时候积极地寻求他们的建议和支持。

# 小结

当今，人们被人际关系冲突的事项困扰，需要时间来处理各种突发情况。因此，重要的是，非营利组织的管理者——无论是运营部门还是项目经理——都会巧妙合理地发挥他们招募的志愿者的作用。志愿者成为越来越重要的资产，一旦获得，应该培育并适当发挥作用。一个感到不被欣赏或被误用的组织的志愿者的离开不仅是一个志愿者的流失，还失去了潜在的捐赠者和组织的拥护者。

# 第 12 章

## 高效管理志愿者的五个守则

非营利组织常常发现自己依靠志愿者完成项目工作来获取组织所需的资金。在这些日子里，组织逐渐减少了正式工作岗位的员工，增加了志愿者的使用，使志愿者的角色变得越来越重要。

然而，在与志愿者互动时，我们没有开展良好的人事管理。这就像我们把志愿者放在不同的资源类别中，而不是像对待我们的员工那样。是的，志愿者是不同的——他们不从我们这里领取薪水或获取其他福利。但他们确实对我们项目的成功至关重要。我发现通过遵守以下五条守则（表 12.1），能够激发每个志愿者全力付出，帮助志愿者收获有益的经历。

**表 12.1　高效管理志愿者的五项守则**

| |
|---|
| 第一条守则：为工作招募合适的志愿者 |
| 第二条守则：清晰的工作职责 |
| 第三条守则：经常沟通（并且倾听！） |
| 第四条守则：准备重新分配志愿者 |
| 第五条守则：培养优秀的志愿者 |

注：遵循这五种良好的人事管理守则，让每个志愿者发挥最大作用。

# 第一条守则：为工作招募合适的志愿者

有多少次你为某一任务找到了志愿者而高兴，但后来后悔了？因为"找到的志愿者"无法胜任工作的需要。在非营利组织里为一个任务挑选志愿者，几乎和寻找合适的员工难度一样。然而，我们在招募志愿者时，招募过程却不像招募正式员工那样严格。

当招聘人员填补志愿者岗位空缺时，我们不会问候选人为什么想要这份工作。相反，我们认为他们回应我们的要求，因为他们与组织有着一样的热情和使命感。事实可能是他们需要做社区服务，或者他们想和他们的朋友在同一个委员会。或者还有其他原因。不知道"为了什么"，你很难判断个人的承诺或适应性。

除了了解应聘者参与志愿活动的动机外，你还需要知道他们能为你的项目带来什么。你需要与他们进行公开的、一对一的交流，了解他们的背景和经验，这样你就可以了解他们是否是最适合你项目管理需求的人选。在面试中要处理好这几个问题：事先安排；在专业的环境中进行；迅速、礼貌；做好适当的后续工作。以下列出了一些我总结的对面试志愿者有帮助的问题：

- 你如何了解到我们的招募活动，从何处了解我们的组织的？
- 你为什么想在这里做志愿者？
- 请描述你的工作——你是做什么的？
- 你在晚上或周末有空吗？
- 你能在家里使用电脑和智能手机吗？
- 你认定这个志愿服务工作成功的标准是什么？
- 请分享你对活动成果的预期（事件、活动、邮寄等）——项目成功是什么样子的？
- 请简述你做过的其他志愿服务经历？

一个重要的注意事项：如果你不是项目经理，而是在招聘项目经理（委员会主席），那么首先招募这个职位，然后确保项目经理参与了所有后续的招聘活动。项目经理对项目负责，所以他们需要确保合适的人加入他们的委员会或项目团队。

# 第二条守则：清晰的工作职责

准备岗位描述（表10.1），并与志愿者一起熟悉内容。确保描述内容包括关于预期表现的明确讨论，安全性和机密性方面的考虑。如果志愿者要使用组织的技术或设施，请确保在岗位描述中说明他们对该财产安全的责任。要求志愿者阅读并遵守相关的规章制度，如有关歧视或骚扰的处理办法。

一旦你选定一个符合要求的志愿者，一定要知道他的预期是什么。和志愿者一起对预期的工作进行讨论，包括服务期间要参加的会议和其他活动的频率和地点。如果有项目的工作分解图，以及其他项目文件，分享给志愿者，并突出显示志愿者的作用。

最后，与志愿者一起回顾项目的整体组织结构。给志愿者营造一种参与到项目中的氛围。如果你已经有一个项目团队，邀请志愿者候选人参加下次会议，这样他们就能知道他们是否真的想和你的团队合作。你要明确在项目团队中没有潜在的冲突，所有被分配的志愿者能够和谐地工作。

在项目团队中总是存在着性格冲突。而且，志愿者项目团队面临着额外的潜在冲突。如果你的团队中有来自相互竞争商家的志愿者，可能会出现这样的冲突。举个例子，如果在选择一个活动的供应商时，两个餐厅的代表可能会产生摩擦。如果在前几年举办过类似的项目，而前项目经理或委员会主席在当前的项目团队中，则可能产生另一个冲突源，他们可能会坚持以往的做法，拒绝做一些不同的事情。

如果你感觉到你的团队成员中可能存在冲突，那么可以将一个志愿者重新分配到另一个项目中，或者由项目团队成员来解决。例如，如果冲突与商业竞争有关，那么解决的一种方式是，各方退出与业务相关的讨论。

请记住，在构建项目团队时，必须承认存在冲突的风险，但要确保它不会影响项目的执行。

# 第三条守则：经常沟通（并且倾听！）

保持与志愿者的沟通是你们之间关系的生命线。像和员工沟通一样，尽可能保持与志愿者沟通，甚至更频繁。请记住，你的工作人员与组织的非正式通信网络连接在一起，而这些志愿者不是。让志愿者知道你的组织中有什么重大事件，例如重组或晋升，即使这与志愿者从事的项目无关。这会让志愿者觉得是你组织的一部分，参与到了整个任务中。

安排与关键岗位志愿者定期的一对一会议，询问他们的进展。准备好回答他们的关切和问题。在这些会议中，我喜欢问志愿者，他们是否了解他们对团队和组织的贡献是多么重要，是否已经遇到了项目的赞助商，是否获得了新技能，是否对自己所做的工作感到高兴。利用这个会议来确定这个人是否是你可以并且想要为下一个项目招募的志愿者。

加强项目团队内部的沟通。考虑利用脸书或推特等技术来支持团队成员之间的对话。他们可以用这些技术来保持联系。如果你是项目经理，选择一个适合大多数人的时间和地点召开团队会议。在会议至少 24 小时前分发会议议程和材料，以便与会者能够做好准备。会议后 24 小时内发布会议纪要。

# 第四条守则：准备重新分配志愿者

不幸的是，我们偶尔需要调整志愿者分工。也许是志愿者无法在需要的时候完成任务，有个性冲突，或者在项目的另一个工作需要志愿者去发挥更大的作用。遇到这种情况时，需要与志愿者讨论这个问题。请记住，这是一个对你的任务表现出足够的兴趣来加入项目团队，并投入时间和精力的人。你应该向这个人坦诚地解释为什么需要调整。如果志愿者需要，你们应该一起探索志愿者能够继续支持项目的方式。如果在这个项目中没有真正合适志愿者的岗位，你应该在组织中寻找其他项目，这些项目可能更匹配志愿者的能力。

如果团队并没有最大化地为你的任务服务，需要调整志愿者，你应该确定志愿者是否仍适合留在你的组织。如果他／她适合，那么尽你所能找出另一个适合他们的职位。如果你认为志愿者不适合你的组织，那么你需要真诚地感谢他们的努力，并解释他们的工作方式和组织的文化不匹配。

解雇某人可能是一项艰巨的任务，这并不容易，也不愉快，但为了完成你的使命，你必须这样做。如果你在进行这些讨论时感到不自在，或者你不知道该对志愿者说些什么，请让你的人事部门或管理团队里的某个人为你提供指导，并在准备采取行动的时候做一些角色扮演练习。

## 第五条守则：培养优秀的志愿者

这可能是老生常谈，但还得说：双鸟在林不如一鸟在手。好的志愿者是稀缺资源。你需要对你的志愿者进行投资，培养他们并促进他们成长。在完成当前的项目任务时，要考虑如何让有兴趣的志愿者和你的组织保持联系。他们还能为组织做什么？他们是否是一个更有影响力岗位的候选人，比如适合在顾问小组或董事会任职？他们能承担更多的责任，为你管理一个项目吗？为他们制订一个志愿者发展计划，发挥他们在组织中的作用。

一定要感谢所有的志愿者，尤其是那些表现出色的志愿者，让他们知道你真心感激他们的付出。认识到他们是你组织目标的贡献者。这些志愿者虽然不赞助资金，但他们在付出时间，这也是同样重要的资源。

# 案例研究：志愿者管理项目

我受邀作为一名志愿者项目经理，参加为期两年的志愿者管理工作，这些志愿者最终成功地协助举办了一次国际会议。这项活动是在组织成员人数和参与活动不断增加期间开展的，在此期间它从一个小型的志愿者管理协会过渡到一个国际协会，期间解决了这个转变所带来的挑战。该计划的一些关键属性包括以下内容：

- 这是一个非营利的活动。
- 它由从事管理 / 行政工作的志愿者进行管理。
- 在很长一段时间内保持志愿者参与是很重要的。
- 根据志愿者的日常工作承诺，安排和保持项目的进度尤为困难。

认识到这一志愿工作的重要性，并意识到我的工作在规划期间需要出差，我要求协会的领导来确定一个合作项目经理，一个能确保项目在我外出时继续推进的人，一个有会议规划经验的人。事后看来，这是缓解风险的最优行动之一。有两个经理为团队成员提供持续的领导和及时的决策。这种管理方式成功的一个关键因素是，我和我的共同管理人员之间达成了一项协议，不自以为是，一旦做出决定，就支持对方的决定。

该项目的核心团队由 16 名志愿者组成，由协会的专职会议策划人和协会出版部门的团队负责发布会议议程。志愿者们在日常工作中都是高级管理人员，大部分都需要出差，他们带来了大量的技术支持和巨大的挑战。这些志愿者是由协会的地方分会的成员和协会内部的人招募的。早期的团队建设和一个放在会议室门口写着"自我"的盒子，提醒团

> ### ☑ 快速提示
>
> 一个自我的盒子是一个纸板箱，盖着锡箔纸，正面有一个插槽，挂着一个牌子，上面写着"将自我放在这里！"这个盒子放在项目小组会议室外面。这是一个视觉提醒，团队成员在进入这个房间时将没有头衔，平等交流。

队成员放下自我偏见参会，这对于这个非正规的团队凝聚在一起发展形成共同愿景及主题是非常重要的。一个志愿者团队结构在随后的座谈会上被采纳。

我们有一名志愿者专门负责监督该项目的财务状况，他曾在协会的财务办公室工作。与我参与的其他志愿者项目不同的是，这一项目要求当地的项目团队维持一个支票账户，并根据需要从该账户接收和支出资金。我们挑选的这个志愿者过去是个可信任的雇员，我们对他的工作很满意。否则，我就会要求警方进行背景调查，以确保信托的可靠性。每月的银行报表由志愿人员提交给我和联席经理，包括每季度的预算报告和财务报表的副本。

我们的项目章程由协会的董事会提供。它不仅包含了会议的固定日期和地点，还包括了预期的利润目标。这次会议是协会最大的收入来源。与任何项目一样，它也有多个特别的时间表约束，不仅是事件本身，还有外包服务、生产和销售、注册材料的生产和分发、会议进程的发布。

有了这些预先确定的截止日期和志愿者团队成员，风险规划和沟通规划对于识别、收集和缓解潜在的问题至关重要。这些在志愿者项目中经常忽略，但是在这种情况下它们可能更重要。志愿者管理的项目与员工管理的项目不同，自然通信渠道不畅通，而且不存在风险缓解路径。在项目中，为保证及时执行，项目

> 📖 **术语**
>
> 时间表是为适应特定时间框架而设计的项目的时间表。项目的范围是通过回答这样的问题来定义的："在接下来的三个月里我们能完成什么？"

管理核心团队建立状态报告模板，使用技术来优化不同的时间表、时间框进度、开发所有会议的输入和输出保证成效（定期会议的重点是提出可能影响执行的问题，以及解决障碍）。

每个核心团队成员被要求组成一个小组来支持他们的项目任务，并召集单独的小组会议来集中讨论他们的特定任务。这使得核心项目管理团队能够专注于需要做出的重大决策。它还为每个核心团队成员提供了一个机会来确定一个代表参加核心团队会议，而不是作为核心团队成员。当成员有暑假和商务旅行安排时，这个代理人将高效挥发作用。

每个子小组都有一个章程，阐明它们的决策权限、预算和预期的可交付成果。当需要回顾从候选发言人到实际会议的摘要时，这类子团队使用变得尤为重要。在一个 30 天的窗口期中，有超过 500 份技术论文提交，由主题专家评审，这些额外的志愿者与核心团队成员（他们的角色是技术项目经理）互动，完成任务，跟踪流程，并保持团队专注于任务。技术项目经理的这种严格的监督让我们能够集中精力完成自己的任务，而不必去了解抽象的细节。技术项目经理也与他的子团队一起管理与技术项目相关的所有保障工作，包括安排发言人和设备，与出版小组协调，以确保最终的论文以出版所需的格式按时提交。

正如上面所提到的，赞助这个项目的协会正在经历实质性的发展，从而推动管理和文化的改变。所有这些变化都是执行项目的额外挑战。保持与涉众的沟通，解决问题，这是保持项目正常运行的重要因素。我和联席经理制定了一份更新报告和要素更多的通信时间表，例如通信和项目的重点。每个月交替进行，以使所有的利益相关者周知项目的进度和核心项目管理团队做出的关键决策。这些报告还包括预算。

结果是惊人的。团队非常乐观，甚至是超出了自己的期望。

- 会议的出席率非常高，远超预期。
- 团队结构和流程能够支撑承接更大、更专业的会议。这些实践将在接下来的十年中使用，而技术规划管理手册和志愿者结构至今仍在使用。
- 在为期两年的项目中，志愿者项目团队不需要替换人员，也没有出现倦怠，在当地和区域协会的机构中表现非常活跃。

# 小结

志愿者对你的项目成功至关重要。你需要合理对待他们。通过上面的五项守则，你的志愿者所提供的价值和与你一起工作所带来的益处将最大化体现出来。

# 第 4 部分

## 基于项目的非营利组织管理

# 第 13 章

# 项目管理办公室的职能

我们已经讨论了项目管理是什么，如何将它应用到组织的工作中，以及如何管理项目志愿者，现在是时候讨论一下你的组织领导在确保项目成功管理方面所发挥的作用了。

## 项目管理办公室

许多组织，尤其是大型组织，都发现建立一个正式的项目管理办公室是有意义的。研究表明，有项目管理办公室的组织开展的项目在时间和预算上安排合理，达到预期的目标，提高了生产力，并且比没有项目管理办公室的组织更节省成本（美国项目管理解决方案机构研究，2012；美国项目管理协会，2011；福雷斯特研究公司，2011；应急服务国际公司，2011）。

就像有不同形式的组织一样，项目管理办公室也有几种形式。项目管理办公室可以成为组织战略设置团队的一部分，决策符合组织战略的项目。项目管理办公室发挥支持功能，在项目过程、工具使用和培训中支持项目经理开展工作。项目管理办公室也可以是一个业务单位，为特定项目提供项目管理者。它也可以是提供上述所有服务的商业机构。

肯特·克劳福德在他的美国项目管理协会获奖图书《项目办公室战略：

提高组织性能的指南》中，确认了项目管理办公室六个主要功能：流程／标准／方法、项目管理软件工具、项目经理、咨询／指导、项目支持和培训（表 13.1）。值得注意的是，无论你是否拥有项目管理办公室，项目管理要成功，你都需要在某种程度上发挥这些功能，即使你是一个高效务实的非营利组织。坚持可重复的实践和有效的软件工具，以及经验丰富的管理者的领导，都有助于组织项目的成功。

表 13.1　项目管理办公室的功能

| 项目管理办公室的功能 | |
| --- | --- |
| 功能 | 描述 |
| 流程／标准／方法 | 项目管理方法维护和支持，标准报告和控制，经验教训，项目治理／项目组合管理，项目管理"实践社区" |
| 项目管理软件工具 | 部署企业项目跟踪工具、模板和存储库、咨询服务、建立通用的"项目语言"（也就是常见的会计报表，常见的编码流程） |
| 项目经理 | 补充专家项目经理 |
| 咨询／指导 | 协助方法应用、知识共享、对"问题项目"的援助、项目评估和审计 |
| 项目支持 | 项目控制专业知识，项目启动／规划技能，项目跟踪和报告，项目管理工具的协助 |
| 培训 | 项目管理培训，方法培训，建立职业发展计划 |

# 你的高效务实的非营利组织项目管理办公室

你的非营利组织需要考虑项目所面临的风险，并确定项目管理办公室的功能，这对成功至关重要。在大多数非营利组织中，这些职能将包括完成基本的实践、标准化的项目和投资组合报告、融合志愿参与和监督、指导和培训。虽然有一个集中的项目管理办公室来监督这些功能可能是件好事，但现实是许多非营利组织无法承担相关的开销。相反，这些职能将被整合到现有员工的工作职责中，主要是首席发展官或业务经理，再加上人力资源经理和志愿者经理（如果有的话）。

除了执行本文第二部分中描述的实践，你还需要完成足够的项目管理实践，以减少报告项目状态和维护项目组合的开销。应该考虑的一些最佳实践包括：

- 所有状态报告都以相同的格式放置在一个资源库中。
- 所有状态报告都能被项目利益相关者浏览。
- 项目组合日历／电子表格每月在同一时间更新。

通过以向所有涉众提供一致信息的方式建立一致的报告，你将避免因为项目利益相关者查询项目信息来源不同而引发的冲突。要保持信息流通，调整工作组合墙的使用是一个简单的解决办法。

# 工作组合墙

工作组合墙位于工作区域内的中心位置，所有项目活动的当前状态信息都在这里体现。此外，所有未来的项目都是通过描述它们的目标、预期开始日期以及赞助者或所有者的名字来确定的。工作组合墙的使用使项目团队成员不仅能够回顾他们自己项目的当前状态，还能理解它在组织的总体优先级排序情况。它还允许项目经理——无论是志愿者还是工作人员——了解其他正在进行的项目，从而支持跨项目的沟通和协作。例如，一个项目经理可能会注意到另一个项目的下一个主要活动是邮件发布，与他或她的项目的邮件发布是同期的。统筹两部分邮件工作应该是节约成本的一种方式。

# 志愿者综合管理

许多非营利组织有一个负责所有志愿者的经理。如果在你的组织中没有这样的职位，那么与该角色相关的具体职责应该分配给业务管理人员，这样你的组织就会在任务执行期间与志愿者保持联系。志愿者经理应该与组织的管理者合作，建立一个统一的志愿者认可计划，并确保组织的志愿者政策遵守当地和联邦劳动法。该经理协助你的志愿者招募志愿者，并根据志愿者的技能和兴趣推动与项目经理合作。

# 培训和指导

通常与项目管理办公室相关的一个重要功能是组织内领导能力和项目管理技能的提升。在非营利性组织中，这意味着不仅要向员工提供培训和指导，还要向担任项目经理的志愿者提供培训。正式的课堂培训、现场工作坊和获取专业协会会员资格是技术项目管理培训的途径。

人们经常学习新技能，采用新方法，但是当新技术的应用"太困难"或遭遇时间压力时，就会采用一些旧式的行为和方法。此时，一个积极的导师可以强化新的技能，鼓励成员继续运用新的技能和实践。这里导师是一位"有智慧或可信赖的顾问或老师"。项目管理导师通过向他们的成员传授经验和持续学习的智慧来提供支持。因此，你的组织应该为其项目经理建立一个正式的指导计划，加强课堂培训，帮助他们进一步发展，或者成为更高级的职员，或者对于志愿者来说，培养他们成为潜在的董事会成员。

# 小结

营利性组织已经认识到项目管理办公室存在的功能和好处，并将项目管理办公室作为其组织中的核心管理结构。虽然不需要你的非营利组织建立正式的项目管理工作室，但是该办公室的主要功能，特别是那些与项目管理能力的监测和提升相关的功能，将会提高你的组织的整体性能。

# 第 14 章

# 平衡项目投资组合

考虑到不断增加的需求，非营利组织能否继续像过去那样运营？他们应该采取更商业化的方式吗？换句话说，有效的投资组合管理是非营利组织的最佳实践吗？如果是的话，那么在非营利性组织行为中，在组织层面、董事级别、管理水平和志愿者水平方面所需要的变化是什么呢？需要什么样的教育培养？又如何实施？

在前几章中，我说过非营利组织的领导者意识到自己被要求用更少的资源做更多的事情，做决定要敏捷、果断。应用项目组合管理的规程使首席发展官能够以一种平静而有效的方式对这些需求作出响应。项目投资组合将为首席发展官提供建议，即哪些工作人员或志愿者正在研究哪些项目，哪些工作人员和志愿者是可分配的，一个员工或志愿者被分配到一个项目或者另一个项目时，哪些项目会受到影响？一个维护良好的项目组合将使你的组织能够处理突发情况。

与财务组合类似，项目组合是组织在项目工作中进行投资的列表。一个功能齐全的投资组合可以展示项目的优先级、投资回报和项目预算，以实现公司的战略和运营目标。

项目组合管理即确定、选择和管理项目组合的连续过程，以符合关键的运营指标和战略业务目标。这就是"用正确的方式做正确的事情"。

# 项目组合管理和战略规划

有效地管理你的项目组合需要始终如一的清晰和持续的沟通，以及组织的业务计划和预算的完全整合。当制定你的非营利组织的战略计划时，你的执行团队需要考虑实际运行这个组织需要什么——也就是说，执行与组织的使命相关的日常操作需要什么。这就要求每个经理确定每个职位所执行的任务，并根据其对总任务的贡献来对这些任务进行排序。对项目没有什么影响的任务应该被质疑，也许这些任务不需要由工作人员执行，也许应该由志愿者来执行或者根本不执行。

在完成这个分析后，执行团队、管理人员和董事会将明确这些是维持组织所需的资源。这应该反映在组织的总体规划中，因此在规划策略时这些资源会被保留。剩下的资源可以分配给其他战略计划——通过项目管理实践来管理。

非营利组织面临的一个挑战是要保持专注。志愿者、捐赠者和其他利益相关者将提出一些项目建议，其中一些与组织的使命一致，有些则不一致。你的董事会和首席发展官必须掌握评估和处理这些建议所需的技能。他们需要有一种能力来保持开放的心态，当遇到一个建议时，要明白这个建议是否有价值，并且能温和地让意见提出者知道这个想法是否与当前的计划一致。然而，有时建议的项目是值得放置在组织的投资组合中的。这意味着建议的项目比投资组合中的另一个项目更具战略意义，因此不再采纳之前的项目。告知项目发起人和项目承担者项目暂停，或者告诉捐赠者他们的项目与组织的战略不一致，这都需要高超的沟通技巧。希望你能够详细解释项目为什么不执行。这意味着能够根据组织当前的战略目标或当前的资源和能力来表达决定，而不去攻击项目本身，也不造成将来可能会采纳这样的错误表述。

## 你的投资组合和员工

每年，作为组织预算周期的一部分，你的执行团队会回顾并更新组织战略目标。他们还决定为日常运营提供多少资金。这些决定将影响如何分配工作人员时间。

例如，当将战略目标转化为一个有凝聚力的融资计划时，经理应该考虑分配问题。假设你的执行团队已经确定购买新的心脏设备，这是你的医疗系统的首要目标，那么你的开发办公室应该确保为支持这一努力而进行筹款项目（诉求、特殊事件等）的人员和资源都是充分的。全年，随着工作任务的审查和制定，应该记住哪些工作人员可以在哪些项目中工作。一个文档化的项目投资组合可以帮经理做到这一点。你的项目组合清晰地确定了与心脏设备获取相关的每一个活动以及分配到这些活动中的工作人员。这种可见性让经理知道，这些人正在执行组织的战略目标。

## 你如何来做？

使用项目组合管理包括三个阶段——启动／计划、执行和控制——如表14.1所示。

启动／计划阶段首先由组织的领导确认，项目组合将对你的组织有好处，并且在你的决策过程中发挥作用。一旦做出决定，你的领导需要确定项目组合的内容。可能不是所有项目的规模或影响大到需要被作为单独的活动来跟进——也许它们应该被分解到投资组合中的一个条目里。例如，首席执行官对业务社区的季度宣讲。虽然这是一个项目，但它可能只涉及首席执行官、他或她的行政助理、公共关系部门的人——这个项目不需要消耗大量的资源，更不需要监测绩效。另一方面，一年一度的圣诞节礼物活动对社区来说产生的效果是非常明显的，它占用了许多志愿者和工作人员的时间，这是你的领导团队应该关注的事情。

在明确要监测的项目的类型或级别之后，你的领导团队需要制定他们监督项目效能的标准：预算、资源消耗、时间表等。例如，当一个项目超过预算的10%时，他们希望被通知吗？或者当一个项目在实现一个时间节点时已超过5天的时候？如果通知他们，他们是否准备协助解决项目团队面临的任何问题？你选择的标准应该与组织的整体效能度量相一致，以便你能够确定项目的效能对组织的影响。我建议总体不超过3个标准，以便报告能够保证高效务实。预算执行情况、进度绩效、最可能的三大风险是我在选择时主要监测的。

**表14.1　项目组合管理阶段**

**启动／计划阶段**
- 确认承诺
- 定义组合
- 开发标准／措施
- 准备环境

**执行阶段**
- 确定当前的项目
- 优先考虑的项目
- 批准或取消目前的项目
- 增加新项目

**控制阶段**
- 跟踪项目组合性能
- 根据需要采取纠正措施

这些标准和提供的支持需要与所有的工作人员和志愿者项目经理共享，这样他们就能够认识到把控分配项目的重要性，有效地将这些活动的状态与组织的领导联系起来。

# 建立你的项目投资组合

一个项目投资组合的成效对于大多数组织来说显而易见。我鼓励我的客户采取"保持简单"的心态。虽然有一些很成熟的项目组合管理技术工具可用，但大多数对于非营利组织来说过于复杂。一个张贴在常见布告栏的电子表格，就足够让所有人看到投资组合的进度了（表14.2）。

建立投资组合时，你首先应该确定必须完成的工作，如监管项目，并优先分配资源。然后询问你的员工，问问他们在做什么，为谁工作，什么时候完成。找到每个组织都有的隐藏项目（这些项目是通过在走廊里的交谈，或者是与捐赠者的随意交谈而完成的）。然后确定项目的性质——是否有一个积极的赞助商？是否有资金用于完成项目？是否与组织的战略目标一致？如果这些问题的答案是否定的，那么明智地取消这些行动并告知提议者取消的原因。

当你调查正在进行的工作时，试着了解在这个项目工作成员的性质。如果这个项目有大量的志愿者工作，没有工作人员，那么也许你可以授权它继续作为一个外部的、基于志愿者的项目，并要求志愿者的领导者向你汇报进展。如果工作耗费了员工的时间，那么在你的投资组合中对此要有考虑，因为它消耗了你预算的一部分。

一个平衡的投资组合包括委托项目、战略项目和运营项目，这既适合当前的项目，也适合于未来项目。对于执行和交付这些投资组合所需的资源要预留相应的预算。

> 📖 **术语**
>
> 授权项目是为了遵守法律、法规和其他法定要求必须执行的项目。这样的项目可能会更新所有募款的情况来符合当地国税局的要求。
>
> 战略项目是促进非营利性组织的使命和战略目标的项目，例如为支持资本运动而进行的步行活动。
>
> 操作项目是加强非营利组织运作的项目。一个典型的操作项目可能是办公室技术的更新。

# 管理你的项目组合

项目投资组合类似于你的金融投资组合，如果要取得良好的业绩，就需要同样的管理规则。一种普遍的做法是每月更新你的项目投资组合，并根据需要进行调整。使用投资组合报告中的信息能帮助决策：我们是否有资源进行另一个项目？还有能力开展其他特殊活动吗？我们会用什么来交换这些资源？

不要犹豫，用投资组合帮助你对项目做出困难的决定。确保你的资源分配给战略项目，而不是边缘项目。完成高优先级的项目。如果一个项目不再与目标一致，或者有无法实现目标的趋势，不要犹豫，立刻取消。如果取消的项目为高优先级的项目释放资源，那么及时取消的项目等效于有效完成了。

利用项目的优先顺序来帮助你对资源分配做出决策。我推荐的两条黄金法则是：不要让个人同时从事超过两到三个项目；避免"打散"——也就是说，不要因启动／停止／开始项目分散了关键的资源。为了释放关键资源，要尽可能迅速地完成项目的目标。适当地发挥志愿者和董事会成员作用，利用董事会成员和他们的关系开展战略工作；托管项目由员工完成。注意那些先由志愿者管理后变更为员工管理的项目。对每个项目的业务情况提出疑问，特别是志愿者项目。取消志愿者项目（注意策略），如果他们消耗大量的工作时间或与战略或授权项目产生资源冲突。

# 在项目组合中共享信息

与你的员工、志愿者和利益相关者共享已经获批的项目组合信息是非常重要的。他们都想知道自己在做什么，组织的优先次序是什么，他们的努力如何融入到更大的发展背景中，以及他们如何帮助解决问题。

在沟通组织投资组合的状态时，不仅应显示每个项目的名称和进度，还应体现每一个项目的优先级、它的发起人和项目经理、收益预期及其当前状态（可以用颜色来显示——绿色表示一切正常，黄色表示存在问题，红色表示项目已经暂停）。

在表14.2中，你可以看到由于资源冲突，第一优先级项目的进度落后。该项目的发起者琼斯博士一直试图从指定的患者家庭中获得圣诞节诉求的表态，但对方没有回应。当首席发展官了解到这一点时，她可以提供帮助，或者寻找其他渠道。

# 案例研究：项目组合管理

在基金会成立初期，许多活动项目由志愿者管理执行，有的董事会周知，有的没有报告给董事会，导致完成的效果不同。一项活动引出了市场营销材料需求，因为活动与基金会的使命不一致，基金会无法采用。另一项活动虽然用意良好，但却给基金会的支持人员带来了巨大的行政负担，而且基金会的运营预算无法支撑。而在另一种情况下，基金会赖以生存的项目也出现了差错，其最终目标从未实现，部分原因是缺乏对志愿者的监督。

经过若干年的发展，基金会的董事会发现自己能够提炼基金会的整体使命，并为其工作设定特定的重点领域。这些重点领域的工作都得到了来自世界各地的捐助者和其他利益相关者的支持。这种广泛的支持，为领域的具体项目积累了许多建议。然而，基金会监督项目的员工有限，特别是对那些志愿者管理的项目。

董事会决定用项目组合管理的方法来应对先前的教训。应用项目组合管理帮助董事会确定基金会将在当前年度执行哪些项目，哪些项目将被推迟，哪些项目可以转移到其他实体执行。董事会开始收集所有提交给基金会办公室或个别董事的项目计划。这些计划，加上董事们的想法，与每个领域相融

表14.2 项目组合管理报告

项目组合管理报告

| 优先级 | 项目 | 状态 | 赞助者 | 项目经理 | 效益 | 成本估算 | 完成百分比 | 状态汇总 |
|---|---|---|---|---|---|---|---|---|
| 3 | 布莱克伯德迁移（报告阶段） | 良好 | J. 史密斯 | C. 约翰逊 | 提高效率 | 500000 美元 | 99% | 清理数据和散端 |
| 4 | 品酒活动（2012 年 2 月） | 良好 | S. 隆 | B. 马克斯 | 心脏病学单元 | 45000 美元 | 74% | 招揽赞助商 |
| 1 | 圣诞节的吸引力的邮件 | 资源紧缺 | M. 琼斯 | B. 马克斯 | 儿科 | 50000 美元 | 50% | 资源冲突、落后于预定计划 |
| 2 | 节日联欢晚会（12/1/11） | 资源紧缺 | M. 琼斯 | B. 马克斯 | 儿科 | 250000 美元 | 50% | 需要更多的赞助商和董事会参与 |
| 5 | 年度报告（2012 年 1 月） | 良好 | J. 史密斯 | C. 约翰逊 | 捐赠管理 | 100000 美元 | 10% | 开始设计 |
| 8 | 办公室装修 | 暂停 | V. 拉萨尔 | 待定 | 维护 | 500000 美元 | 由首席运营官推迟到假期结束 | 由首席运营官推迟到假期结束 |
| 6 | 灾难恢复/业务连续性 | 暂停 | J. 史密斯 | 待定 | 规避风险 | 85000 美元 | 咨询和完成布莱克伯德的待定预算 | 咨询和完成布莱克伯德的待定预算 |
| 7 | 春天的魅力 | 待定 | S. 隆 | 待定 | 待定 | 未知 | 将会在节日庆典结束后开始计划 | 将会在节日庆典结束后开始计划 |

注：这份报告能让你快速了解项目的现状。在报告中，你可以看到主要项目面临资源的挑战，第一优先级项目的进度落后。

合。如果该项目不支持其中一个领域，将留待未来考虑，并自动被推迟到未来几年。委员会进行一系列优先级的认定，其中每个建议项目的优先级都在它的项目范围内进行考虑。然后将每个区域的前三个项目进行比较，以创建一个合并优先级的列表。从上往下分配资金，直到为项目活动建立的预算用完。那些进入前九名但在资助线之下的项目，被保留在项目投资组合中。每个程序区域内的其他优先级项目也被保存在投资组合中，但处于延期状态。

应用项目组合管理实践的优先次序和监督，帮助基金会：

- 确保项目与组织的总体任务和策略相一致。
- 了解组织的优先事项，并知道哪些项目被批准以支持这些优先事项。
- 建立如何使用基金会捐赠的决策框架。

# 小结

项目组合管理实际上是许多营利性行业领导者的最佳实践。它鼓励组织将其资源和工作分配给那些为组织的战略目标做出最重要贡献的活动和项目。

缺乏项目组合管理方法可能导致组织混乱，错失机会，消耗资源，并无法实现其战略目标（图 14.1）。

缺乏项目组合管理会导致新产品或服务执行状况不佳

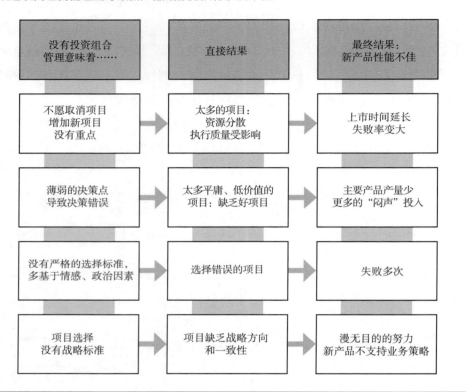

图 14.1　没有项目组合管理的风险

# 第 15 章

# 董事会和其他项目发起人的作用

这是非营利组织在董事会监督下运作的特征。这些人常常被要求在董事会任职，因为他们有激情、愿意支持实现组织的使命。通常，他们是制定战略方向、调整操作计划等领域经验丰富的管理人员或社区领导人。

然而，在以项目为基础的非营利性组织中，董事们有以下附加的职责：

■ 创建并传达组织年度计划，包括战略目标。

■ 选择并支持项目战略实施。

● 批准商业案例。

● 批准项目章程。

● 评估影响力大的项目。

■ 对项目进行持续的优先排序。

■ 向项目经理传达战略和优先级的变化。

■ 共同参与并监督项目。

## 项目发起人的责任

项目管理协会（2013）对项目发起人的定义是"人或团体提供资源和支持项目，负责推动项目成功……从最初的构思到项目的结束，发起人推动项目。"

项目发起人的重要职责是分配项目团队所需的财务资源。在许多组织中，这意味着项目发起人负责确认项目财务合理性，根据项目经理的投入和发起人定义的范围作为基础估计的项目成本。如果可用资金不足以满足项目成本，那么发起人需要重新定义项目范围，与项目经理和团队合作，直到项目范围匹配可用资金。

通常项目发起人代表组织来批准项目章程，授权项目经理开始给项目投入资金。然而，在一些组织中，这种授权可能被委托给业务经理或负责慈善机构活动的人。值得注意的是，虽然签名的权限可能被授权，但实际的授权仍然必须来自项目发起人。

项目发起人需要承担的另一个重要角色是项目推动者。发起人需要协助项目经理寻找机会，推动项目进展，识别可能降低整体性能的风险，寻找潜在解决办法。前者常常需要关注其他可能有助于项目成功的项目，例如利用另一个项目的营销宣传品，从而节省成本。后者可能意味着帮助项目团队确定完成项目所需的额外资源。为项目提供这种级别的积极支持，需要项目发起人对项目的当前状态、风险和问题有积极的认知，这依赖于通过参与项目团队的状态会议并与项目经理进行定期沟通。

许多项目团队遇到的一个挑战是项目发起人在需要做出关键决策时无法胜任。如果项目发起人不能发挥作用，项目经理需要从授权的委托人寻求该决定，或者有权自己做出决定。项目经理为了能够轻松地做出决定，需要明确他或她理解组织的战略目标以及这个项目如何融入组织的大背景下。因此，项目发起人需要将这些信息与整个项目团队共享，特别是与项目经理。同样，发起人也需要沟通组织的变更信息。我回想起一个项目，因为组织的重组让我的项目发生巨大变化。项目发起人意识到组织即将进行的重新调整，但是未能即时与我们的团队分享这一信息。结果，团队做出的一些决定消耗了志愿者的精力，引起志愿者的不满。

# 项目管理职责

项目治理定义为建立战略、性能目标以及项目与战略结为一体的活动。根据你的非营利组织的运营成熟度，你的董事会可能会发现自己需要向正在开展的项目提供治理策略。在其他情况下，你的高级管理人员进行项目治理。项目治理的条款意味着你的董事会或高级管理人员会积极审查状态信息、预算和特定的交付物，确保执行情况与项目的初始章程和非营利组织的目标一致（图 15.1）。

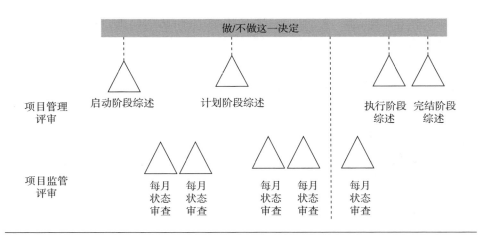

**图 15.1 项目组合的监管责任**

注：由项目经理管理的项目管理评审侧重于项目管理实践的应用，特别是项目计划和管理。项目治理评审通常由项目发起人进行，重点关注项目的总体性能，以达到其既定的目标。

# 投资监督职责

除了赞助项目，你的董事会成员应该对你的项目投资组合提供监督和指导。他们需要接收和审查项目状态信息，做出艰难的决定，否定与组织的战略目标不一致的项目和没有必要继续运营的项目。

对那些想向组织提供资金开展活动却与组织使命不一致的捐赠者说"不"，这应该是董事会成员的责任，而不是员工的责任。当批准项目时，你的董事会应该重视捐助者的管理权，确保资金可以投入这个项目。

# 小结

非营利组织的董事会或高级管理团队在项目整体成功中扮演着不可或缺的角色，他们要确保批准正确的项目，对组织策略的变更要进行及时沟通，并且在需要的时候向项目团队提供指导。积极参与检查组织的工作状况和相应的资源配置也是该董事会或高级管理团队的关键职责。

# 展望未来

在本书的引言中，我的助手帕梅拉·普里奥列出了几个原因，说明为什么在当今忙碌的世界里，想要成为高效务实的非营利组织应该学习并运用项目管理的基本概念。她提出了以较少的投入得到更多的收获的挑战——用更少的资金开展运营，减少占用员工业余时间。她还提醒我们，今天的志愿者是稀有资源。

作为管理者，你有义务成为一位细心的管家，为支持你的项目做好充分的组织资源准备。这些资源，无论是员工的时间、志愿者的时间，还是费用，都可以直接应用到组织的任务中。现在，它们是由你支配的，你要用这些资源来回报组织。你的责任是确保这些资源效用最大化，工作人员和志愿者在任务中有积极的体验，并且对组织保持忠诚和支持。你有责任达成你所认同的项目成果。前几章所描述的项目管理和志愿者管理技术的实践将帮助你履行这些职责。

所以，探究一下我在本书中与你分享的想法和实践。尝试应用，使它们迎合你的项目和组织的需要。我们每个人都是独一无二的，有独特的方法来完成我们的任务，对我来说最有效的方法可能并不适合你。但是，对你工作有助益的是与启动、计划、执行、监控和控制相关的过程，帮助你完整地运作项目。就像好的厨师根据现有食材制作独特的美食一样，我在这里展示的工具，即书中的项目管理过程和方法，你也可以调整运用，形成你自己的项目管理规则和方法。

这些规则和方法已在许多行业、营利组织和政府组织中被成功应用。现在是时候让你的非营利组织采纳它们了。

# 参考文献

Center for Business Practices (2006). *The State of Project Management 2006: A Benchmark of Current Business Practices*. Glen Mills, PA: Center for Business Practices.

Crawford, J. K. (2010). *Strategic Project Office: A Guide to Improving Organizational Performance, Second Edition*. Boca Raton, FL: CRC Press.

ESI International (2011). *The Global State of the PMO: Its Value, Effectiveness and Role as the Hub of Training*. Arlington, VA: ESI International.

Forrester Research (2011). *The State of the PMO in 2011*. Cambridge, MA: Forrester Research.

McLean, C. & Brouwer, C. (2012). *The Effect of the Economy On the Nonprofit Sector*. Williamsburg, VA: GuideStar.

PM Solutions Research (2012). *The State of the PMO 2012*. Glen Mills, PA: PM Solutions.

Project Management Institute (2011). *Pulse of the Profession*. Newtown Square, PA: Project Management Institute.

Project Management Institute (2013). *A Guide to the Project Management Body of Knowledge (PMBOK®), 5th Edition*. Newtown Square, PA: Project Management Institute.

Urban Institute (2012). *The Nonprofit Sector in Brief: Public Charities, Giving, and Volunteering*. Washington, DC: Urban Institute.

# 作者简介

**卡伦·怀特**（Karen R. J. White），项目管理专业人员，美国项目管理协会终身会员，实用高效务实组织的创始人，这个组织致力于帮助非营利机构实现其战略目标。卡伦女士为小型或大型非营利机构管理了许多项目，从女童子军到医疗中心，从大型国际博物馆到大学及科研院所，不一而足。

卡伦女士曾担任过项目管理解决方案公司的高级顾问和主管，她帮助过多家财富 500 强企业开展项目管理工作，具有丰富的实践经验。她还曾担任美国项目管理协会的董事，并兼任该协会下属教育基金会主席。2009 年，她被任命为美国项目管理协会终身会员。

卡伦女士在职业领域和项目管理领域的专业才能得到了国际同行的认可。

卡伦女士写过《高效务实的项目管理：面向 21 世纪》（*Agile Project Management: A Mandate for the 21st Century*，2009 年）一书。此外，她还与他人合作出版了《美国医学学会项目管理手册》（*The AMA Handbook of Project Management*，2010 年）和《项目管理成熟模型》（*Project Management Maturity Model*，2006 年）。卡伦女士拥有美国东北大学信息系统专业硕士学位。

**帕梅拉·普里奥**（Pamela Puleo，FAHP，CFRE），是美国新罕布什尔州协和医院社区事务部副总裁，负责监管包括志愿服务、接待服务、公共事务、营销、礼品店和癌症患者服务中心等部门。她还是该医院高级管理团队的成员。自 2007 年起，她担任美国新罕布什尔州协和医院慈善基金执行董事，为医院的慈善事业做出了贡献。

帕梅拉女士有近 30 年的慈善事业、志愿者管理和非营利组织公共关系的工作经验。